상상력이 만든 장난감과 로봇

상수리 출판사 상수리

상수리나무는 가뭄이 들수록 더 깊게 뿌리를 내리고
당당하게 서서 더 많은 열매를 맺습니다.
숲의 지배자인 상수리나무는 참나무과에 속하고, 꿀밤나무라 불리기도 합니다.
성경에 아브라함이 세 명의 천사를 만나는 곳도 상수리나무 앞이지요.
이런 상수리나무의 강인한 생명력과 특별한 능력을 귀히 여겨
출판사 이름을 '상수리' 라고 했습니다.
우리 어린이들에게 상수리나무의 기상과 생명력을 키우는
좋은 책을 계속 만들어 가겠습니다.

상수리 호기심 도서관 07

레오나르도 다빈치부터 첨단 지능로봇까지

상상력이 만든
장난감과 로봇

백성현 글 · 황미선 그림 · 김정하 감수

로봇에게 예술은 엄마, 과학은 아빠이다

로봇박물관 연출가 백성현 교수

2000년부터 사람을 닮은 지능로봇들이 등장하기 시작했습니다. 로봇 시대를 알리는 신호탄이었지요. 하지만 아직까지도 로봇에 대해서 제대로 이해하는 사람이 드뭅니다.

신문이나 텔레비전은 로봇의 역사보다는 첨단 로봇에 대한 이야기를 많이 하고 있습니다. 그래서 어린이들도 자연스럽게 로봇을 과학으로만 접근하는 데 익숙해 있지요. 하지만 과학적인 이해는 반쪽 이해밖에 되지 않는다고 생각합니다.

로봇의 출발점은 상상력입니다. 여기에 이미지와 기능 등이 더해지면서 로봇의 모습이 드러나게 되지요. 로봇이 상상력으로 시작된다는 것만 알아도 쉽게 친해질 수 있습니다. 상상이 점점 현실로 나타날 수 있으니까요.

로봇에서 디자인을 빼면 몸체의 부품들만 남게 됩니다. 이런 모양으로는 사람들과 가까워지기 어렵지요. 로봇은 예술과 과학이 마치 엄마와 아빠처럼 하나가 되어서 태어나는 것이랍니다. 그래서 로봇에게 예술은 엄마, 과학은 아빠라고 할 수 있답니다.

2007년 초 빌 게이츠는 30년 동안의 컴퓨터 시대에 이어 앞으로는 로봇이 세상을 바꾸는 시대가 올 것이라고 선언했습니다. 앞으로는 로봇을 잘 알아야만 꿈을 이룰 수 있는 시대가 올 것 같습니다.

우리 어린이들에게 미래를 열어 갈 로봇에 대해 제대로 알려 주고 싶은 열정이 무거웠던 마음을 가볍게 해 준 것 같습니다.
어린이 여러분들이 아무쪼록 이 책을 읽고 로봇에 대한 궁금증도 풀고 로봇과 친구가 될 수 있기를 바랍니다.

차례

1 로봇의 역사
상상력으로 탄생한 로봇 … 10

로보타가 로봇으로 … 13

지능로봇에서 핵심 기술은 무엇일까요? … 19

2 장난감 로봇과 역사
장난감과 로봇 … 26

장난감이 어떻게 로봇으로 발전했을까? … 32

한국과 일본의 장난감 로봇 역사 … 39

첨단 로봇의 시대 … 44

3 로봇의 원리
로봇이 무엇일까요? … 52

로봇의 구성 요소 … 54

로봇의 동작 원리 … 57

4 로봇과 애니메이션의 역사

아톰 탄생의 비밀 … 62

한국의 자랑스런 로봇 태권 브이 … 67

여성 로봇의 변신 … 72

5 일하는 로봇

로봇과 직업 … 76

다양하고 독특한 이색 로봇 … 82

6 미래의 로봇

미래 로봇의 역할 … 88

로봇은 독립적으로 살 수 있을까요? … 94

퀴즈로 풀어 보는 로봇 이야기 … 96

세계 로봇의 역사

사진으로 보는 로봇의 역사

1 로봇의 역사

상상력으로 탄생한 로봇

아주 먼 옛날부터 사람들은 자연이나 우주 속의 사물들을 관찰하고 표현하면서 상상력을 키워 왔답니다. 주위에 있는 사물들을 보면서 새로운 아이디어를 떠올렸지요. 그래서 상상력은 예술과 과학의 뿌리라고 할 수 있습니다. 로봇도 상상력으로 탄생했지요.

로봇과 생각을 주고받을 수 있을까?

아름다운 그림은 감동을 줍니다. 하지만 아무리 아름다워도 그림이 사람과 이야기를 나눌 수는 없죠. 애완용 강아지도 마찬가지로 사람들이 애정만 줄 수 있을 뿐이

에요. 그림과 강아지뿐 아니라 꽃, 별, 인형 등 자연과 사물은 모두 사람과 같은 지능을 갖고 있지 않아요. 생각을 주고받지 못할 뿐만 아니라 사람처럼 직접적인 대화로 우정을 키울 수도 없답니다.

사람들은 오랫동안 지능을 갖고 있는 무언

> **유비쿼터스(Ubiquitous)**
> 라틴어에서 유래한 단어로 '신이 언제 어디에나 존재한다.'는 뜻이랍니다. 요즈음은 언제 어디서든 자유롭게 네트워크에 접속할 수 있는 정보통신기술을 의미하지요. 컴퓨터가 소형화되면서 장소에 얽매이지 않고 사용할 수 있게 되었답니다. 언제 어디서나 어떤 장치와도 서로 연결되어 원하는 서비스를 제공하는 다기능 지능형 로봇이 바로 유비쿼터스 로봇이랍니다.

스페인의 휴머노이드 로봇(1960년)

가를 만들고 싶어 했어요. 그래서 모든 상상력을 동원해서 여러 가지 시도를 끊임없이 해 왔지요. 그러다가 마침내 2000년에 사람을 닮은 *지능로봇이 등장했답니다. 바로 '아시모'입니다. 첨단 과학 덕분에 인간의 오랜 소원이었던 지능로봇을 만들 수 있었습니다. 지능로봇은 사람처럼 서로의 생각을 주고받는 똑똑한 지능이 있답니다. 서로 이야기할 수 있는 쌍방형 지능로봇이죠. 그래서 지능로봇과 마주하면 마냥 신기하고 즐겁답니다.

> **무슨 뜻이에요?**
> *지능로봇 : 주변 환경과 상황을 파악해서 스스로 움직이는 로봇을 말하지요. 사람의 음성을 이해하고 인식·판단 기능을 가진 로봇으로 사람이 하기 어려운 일을 대신할 수도 있답니다. 작업로봇과 청소로봇 등으로 활용하면 편리한 서비스 로봇이 될 수 있어요. 최근에는 무선 통신망과 연결해서 언제 어디서나 활용 가능한 로봇으로 점점 발전하고 있답니다.

꿈과 상상이 현실로 나타난 아주 놀라운 사건이죠.
이렇게 사람과 닮은 인간형 로봇을 *휴머노이드 로봇이라고 합니다. 사람이 자신을 닮은 로봇에게 마음이 끌리는 것은 당연한 일입니다. 자신과 익숙한 사물에 친근감을 느끼는 것은 사람의 본능이지요.
사람을 가리켜 만물의 영장이라고 할 정도로 지구에서 사람이 가장 똑똑합니다. 그러니 사람을 닮은 로봇이 가장 완벽한 로봇이겠죠.
그런데 로봇이란 말은 언제부터 쓰기 시작했을까요?

무슨 뜻이에요?
*휴머노이드 로봇 : 형태나 기능이 사람을 닮은 로봇을 말합니다. 공장에서 사용하는 로봇 팔 기계 같은 것도 이에 해당하지요. 휴머노이드 로봇은 특정한 작업을 하도록 프로그래밍되어 작업을 반복해서 수행합니다. 최근에는 지능 등 여러 면에서 사람과 거의 비슷한 첨단 로봇이 등장하고 있답니다.

로보타가 로봇으로

로봇이란 말은 1920년 체코의 작가인 카렐 차펙이 발표한 희곡《로섬의 만능 로봇(R.U.R - Rossum's Universal Robots)》에서 처음 쓰였답니다. 체코어로 시키는 일에 복종하는 '기계 노예'라는 뜻이 담긴 '로보타(Robota)'가 영어로 '로봇(Robot)'이라고 번역된 것이지요.

기계 인간과 로섬 공장

《로섬의 만능 로봇》은 1921년 연극으로 공연되었으며 1923년 영문으로 번역되어 세계의 관심을 끌었어요. 여기서 로봇은 인간의 명령에 따라 로섬 공장에서 강제 노동을 하는 기계 인간으로 등장합니다. 로봇은 정신적, 육체적 노동을 사람과 똑같이 하지만 사람처럼 느끼는 감성은 갖고 있지 못했어요. 고장 나면 고쳐서 다시 사용할 수 있는 기계 인간인 로봇이 일을 할수록 지능이 발달하고 반항심까지 생겨 결국은 인간을 멸망시킨다는 내용이랍니다. 로봇이란 단어가 생길 때부터 사람의 능력을 넘어서게 될 로봇에 대한 걱정이 시작되었던 것 같습니다.

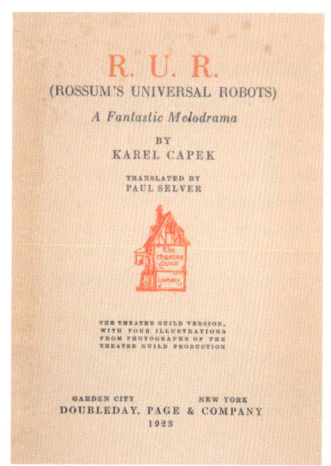

1920년 체코의 작가 카렐 차펙이 발표한《로섬의 만능 로봇》에서 로봇이란 말이 처음 쓰였습니다.

아시모프의 로봇 3원칙

러시아에서 태어난 세계적인 *SF작가 아시모프는 1950년 출간한 소설《아이 로봇》

> **무슨 뜻이에요?**
> *SF : 사이언스 픽션(Science Fiction)을 줄인 말로 과학 소설, 혹은 공상 과학 소설이라고 합니다. 현재의 과학 수준에서 과학과 기술의 발전, 장래, 인류의 운명 등을 소설 형식으로 다룬 것을 과학 소설로 분류하고 있지요.

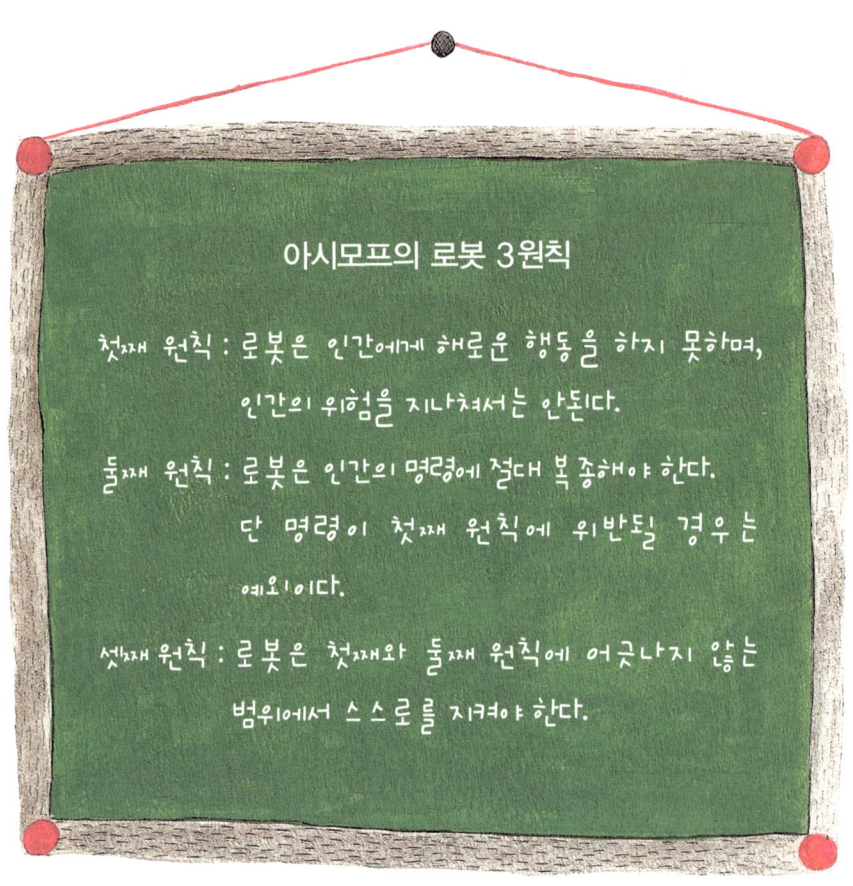

에서 로봇의 3원칙을 발표했답니다. 공격성이 있는 로봇 때문에 불행한 일이 일어나는 것을 미리 방지하기 위해서였지요. 로봇이 갖추어야 할 모습으로 인간과 로봇의 관계 기준이라고 생각할 수 있어요.

아시모프가 이야기한 로봇의 3원칙이 지켜질지는 모르겠습니다. 왜냐하면 로봇을 영원히 자기 마음대로 조종하고 싶은 인간의 욕망이 끝이 없기 때문이지요.

아이작 아시모프 (1920~1992년)

러시아에서 태어난 아이작 아시모프는 미국 콜롬비아 대학에서 공부한 뒤 화학자가 되었지요. 약 50년 동안 《파운데이션》《아이 로봇》 등 SF소설을 460여 권이나 쓴 대가입니다.

요즈음 사람보다 능력이 뛰어난 로봇에 대한 걱정의 목소리가 높아지고 있어요. 첨단 기술이 발달할수록 사람을 해치는 로봇이 등장할 가능성도 점점 커지고 있답니다. 군인 대신 싸움을 하는 전투 로봇이 벌써 나타나기 시작했으니까요. 평화를 위해서 올바른 마음으로 로봇을 만들어야겠지요. 로봇을 제대로 알아야 올바른 로봇도 만들 수 있답니다.

장난감 로봇이 첨단 로봇의 조상이에요

1900년부터 지금까지 100년이 넘는 시간 동안 만든 로봇의 발자취를 볼 수 있는 실물 로봇은 어디에 있을까요?

이전 시기에 만든 실물 로봇들은 거의 남아 있지 않습니다. 실험실에서 모두 부품으로 해체되었기 때문이죠. 그래서 수집 가능한 로봇은 장난감 로봇뿐이랍니다. 장난감 로봇이 곧 첨단 로봇의 조상이자 역사인 셈이지요.

장난감도 역사적 유물이 될 수 있을까요?

세계적인 옛날 장난감 수집가인 고세 씨는 "기차와 자동차 같은 장난감들은 실제 사물의 축소 모형이 아니라 독립적인 창조체이다. 따라서 모양과 기능은 무한히 다양화될 수 있으며 복제 개념을 벗어나 얼마든지 아름답게 그리고 가상적인 영역까지 한없이 넓혀 갈 수 있다."라고 했답니다.

수집가를 놀라게 하는 장난감 로봇 가격

1989년 11월 1일 뉴욕 *크리스티 경매에서 옛날 장난감인 천둥로봇이 예상가인 2천 달러를 훨씬 넘는 9,020달러에 팔려서 수집가들을 놀라게 했답니다.
1996년 11월 7일 뉴욕 *소더비 경매에서도 1955년쯤 일본에서 만든 장난감 로봇이 4만 달러에 팔리면서 화제가 되었지요.
2000년 12월 9일 뉴욕 소더비 경매에서는 1955년형 쥬피터 로봇이 예상가의 2배가 넘는 45,600달러에, 다이아몬드 행성로봇이 35,250달러에 팔렸지요. 이 경매에서 1955년형 장난감 로봇인 '메고 맨'은 7만 달러라는 가장 높은 가격에 팔리기도 했답니다.

창의성을 길러 주는 예술품

유럽이나 미국에서는 장난감이 어린이의 창의성을 길러 주는 예술품으로 관심을 끈 지 오래되었어요. 그래서 유명 디자이너들이 장난감 제작에 많이 참여하고, 장난감 가격이 아주 비싼 것도 많답니다.

10여 년 전 프랑스 경매장에서 하찮게 보이는 철제 과자 상자가 몇백만 원이나 하는 것을 본 적이 있습니다. 이때 견학 온 프랑스 초등학생들이 경매 물품을 호기심 어린 눈빛으로 보던 기억이 아직도 생생합니다.

2000년 소더비 경매에서 가장 비싼 가격에 팔린 메고 맨 로봇(1950년 일본 제작)

꿈을 심어 주는 장난감 로봇의 힘

미국의 길버트사는 조립식 장난감으로 유명한 회사입니다. 길버트사의 조립식 로봇은 여러 가지 부품들로 다양한 사물을 만들 수 있어 인기가 있었지요.

그런데 제1차 세계대전이 치열해지자 군수품 공급에 어려움을 느낀 미국은 쇠나 나무를 많이 사용하는 조립식 장난감의 생산을 중단하라는 명령을 내렸어요. 크리스마스 선물을 주고받는 것까지 금지해 버렸답니다. 선물이 없는 크리스마스는 상상할 수 없었지요. 크리스마스가 사라질 수도 있는 상황이었어요.

위기감을 느낀 길버트사 사장은 다른 장난감회사 대표들과 정부 관리를 만

구체관절 인형

몸에 관절이 있어서 자유자재로 여러 가지 자세를 취할 수 있는 인형을 말합니다. 가벼우면서도 단단한 돌가루 성분이 들어간 점토로 관절 부위를 둥글게 만들어 자연스럽게 사람처럼 움직일 수 있지요. 얼굴 표정, 신체 비례, 섬세한 묘사에 중점을 두어 제작되는 게 특징이랍니다. 초기 로봇의 형태이기도 하죠.

길버트 장난감회사

1909년에 세운 미국의 장난감회사로, 한때 세계에서 가장 큰 장난감회사였지요. 길버트 장난감회사에서 1913년 첫선을 보인 구멍 뚫린 긴 금속 막대 여러 개를 나사로 조여서 기중기 같은 기계를 조립하는 이렉터 장난감 세트는 아주 유명하답니다.

나러 갔습니다. 거기서 관리들에게 조립식 장난감을 보여 주며 직접 만들어 보라고 했지요. 관리들도 재미있고 창의적인 장난감에 푹 빠져 결국 생각을 바꾸었답니다.

크리스마스 선물을 찾아 준 장난감

장난감이 어린이들에게 선물을 주고받는 크리스마스를 되찾아 준 감동적인 이야기랍니다. 누구도 예상하지 못한 장난감의 힘이었죠.

이처럼 장난감에는 창의력을 일깨워 주고 꿈을 심어 주는 힘이 있습니다. 장난감은 무한한 상상력도 키워 줍니다. 그래서 어린이들이 가장 민감하게 반응하며 영감을 얻는 게 장난감이지요. 장난감 로봇도 단순히 옛날 물건이 아니라 지금 유행하는 첨단 로봇의 모델이자 조상입니다.

슈퍼 태권 브이

2005년 국내 경매에서 '슈퍼 태권 브이'의 플라스틱 조립식 모델이 25만 원에 팔렸지요. 이 모델은 지난 1982년 태권 브이 시리즈로 판매 가격은 1천 원대였으나 지금까지 남아 있는 물건이 거의 없기 때문에 원래의 200배 이상 비싼 가격에 팔린 것입니다. 1970년대 제작된 태권 브이 추억 상품은 아주 희귀해서 구하기도 힘들답니다.

무슨 뜻이에요?

*크리스티 : 현재 세계 최고의 경매회사로, 1766년 스코틀랜드 출신의 크리스티가 런던의 폴 몰에서 첫 경매를 하면서 시작됐어요. 미술품을 포함한 여러 가지 물건을 경매해 큰 호응을 얻었지요. 현재 뉴욕과 런던을 중심으로 세계 43개국 129개의 지사를 갖고 있으며, 18개의 경매장에서 연간 800회 이상의 경매를 개최한답니다.

*소더비 : 가장 오랜 역사를 갖고 있는 공인 경매장으로, 예술 품목을 주로 다루지요. 1744년 영국 런던의 서적 판매상인 사무엘 베이커가 개인 소장 도서들을 효과적으로 팔기 위해 생각했던 방법이 소더비의 기원이 되었지요. 런던의 본사 외에 현재 전 세계에 100여 개의 상설 경매장을 갖추고 있답니다.

지능로봇에서 핵심 기술은 무엇일까요?

어린이들이 자주 하는 질문 가운데 하나가 "로봇에서 가장 중요한 핵심은 무엇이에요?"라는 것입니다. 로봇도 사람처럼 몸의 모든 부분이 소중합니다. 과학자들은 로봇을 '컴퓨터로 움직이는 장치' 또는 '*센서를 통해 얻은 정보를 컴퓨터로 작동시켜 스스로 움직이는 물체'라고 합니다.
그래서 나노 등 신기술이 발명될 때마다 적용하는 기술이 바뀌기도 하지요. 현재는 로봇이 스스로 알아내고 반응하게 해 주는 센서와 인공 지능 컴퓨터가 지능로봇의 핵심이라고 할 수 있습니다.

로봇을 움직이는 힘

로봇을 움직이는 연료도 아주 중요하죠. 사람처럼 음식을 혼자서 먹고 힘을 낼 수 있어야 하니까요. 지금까지는 충전용 내장 배터리로 한 번 충전해서 2시간 이상 혼자 작동하는 로봇은 보기 힘들답니다. 아직은 아기들의 걸음마 수준이지요. 물론 앞으론 더욱 빠르게 발전할 것입니다. 태양 에너지로 작동되는 로봇도 연구하고 있습니다.

로봇의 외모도 신경을 아주 많이 써야 한답니다. 자동차를 살 때 디자인을 먼저 보는 것처럼, 로봇도 디자인의 중요성이 점점 커지고 있어요. 로봇마다 얼굴, 팔, 다리가 전부 다릅니다. 시대에 따라 변해 온 로봇의 얼굴이나 팔만 연구해도 훌륭한 로봇 전문가로 성공할 수 있겠죠?

무슨 뜻이에요?

*센서 : 센서는 어떤 외부 자극에 대해 반응을 알아낼 수 있는 장치나 시스템을 말합니다. 사람의 눈, 코, 귀, 혀 등과 같은 역할을 하는 것이지요. 우리 몸이 느끼는 온도, 맛, 색깔, 거리 등 모든 게 센서 반응에 대한 결과라고 할 수 있답니다. 첨단 로봇이 지닌 가장 중요한 기능 중 하나랍니다.

컴퓨터 산업의 뒤를 로봇이 이어가요

빌 게이츠는 2007년 1월 과학 잡지 《사이언티픽 아메리칸》과의 새해 인터뷰에서 1970년대부터 지금까지 개인용 컴퓨터가 세상을 바꾸었듯이 앞으로는 로봇이 세상을 변하게 할 것이라고 이야기했어요. 모든 가정이 로봇을 갖는 로봇 시대가 앞으로 시작된다는 뜻이랍니다.

빌 게이츠는 마이크로소프트사를 세운 성공한 과학자이며 사업가이지요. 컴퓨터로 갑부가 된 그는 2008년 자선 사업을 위해서 53세의 젊은 나이에 은퇴를 결정했습니다. '돈을 벌고 성공하는 것보다 모은 재산을 어떻게 사회와 나누느냐'가 더 중요하다고 생각했기 때문이래요.

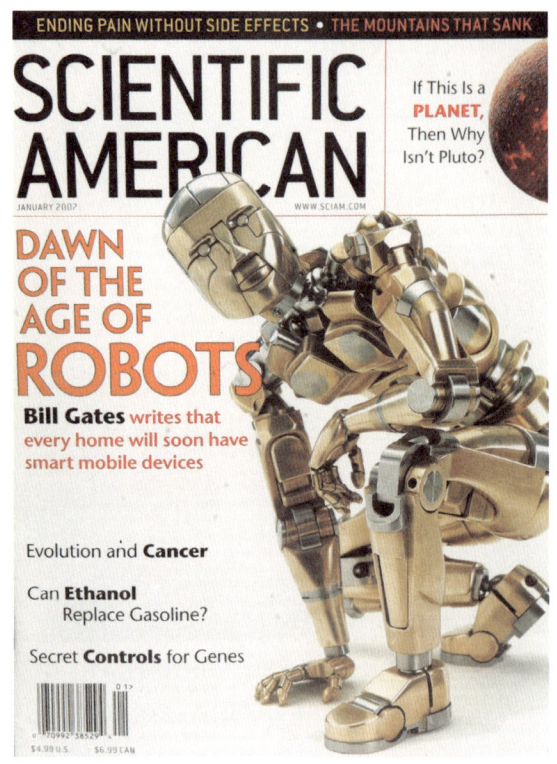

2007년 1월 과학 잡지 《사이언티픽 아메리칸(Scientific American)》의 표지입니다.

그래서 빌 게이츠는 세계에서 가장 존경받는 사람 가운데 한 명이 되었답니다.

빌 게이츠의 꿈을 키워 준 로비 로봇

빌 게이츠는 7세 때인 1962년에 아빠를 따라 시애틀에서 열린 세계박람회에 갔지요. 그곳에서 전시용 로봇을 처음 보게 되었답니다. 바로 눈 앞에 있는 말하는 대형 로봇은 어린 빌 게이츠에게 충격을 주었지요.

> **인공지능**
> 인간의 지능으로 할 수 있는 생각하는 사고, 학습, 자기 계발 등을 컴퓨터도 할 수 있도록 연구하는 컴퓨터 공학 및 정보 기술의 한 분야입니다. 컴퓨터가 인간의 지능적인 행동을 따라할 수 있도록 하는 것이지요. 인공지능은 기계를 만들어서 되는 게 아니고 컴퓨터 프로그램을 작성하는 프로그래밍에 의해 가능하답니다.

이렇게 어릴 적 감명을 받았던 추억이 빌 게이츠를 오늘날 세계적으로 성공한 과학자이자 사업가로 만들었답니다.

빌 게이츠가 본 로봇은 박람회장 안내 전시 로봇으로 키가 2미터가 넘는 말하는 '로비 로봇'이었지요. 로비는 1956년에 만든 영화〈금지된 행성〉에 나오는 로봇이에요. 둥근 유리관 모양의 머리와 집게손을 가진 인조 로봇으로 많은 사랑을 받았지요. 로비는 1950년대의 대표적인 로봇이 되었답니다.

1956년 영화〈금지된 행성〉에 나온 로비 로봇입니다.

세계박람회

올림픽, 월드컵과 함께 세계 3대 축제에 속하는 아주 큰 규모의 경제·문화 올림픽입니다. 최초의 세계박람회는 1851년 런던에서 열렸지요. 1933년 박람회부터 로봇이 전시되어 2005년 일본 아이치박람회에서는 춤추고 악기를 연주하는 첨단형 지능로봇이 선을 보여 인기를 끌었답니다. 한국에선 1993년 대전 세계박람회, 2012년에 여수 세계박람회가 열렸답니다.

2 장난감 로봇과 역사

장난감과 로봇

지난 100년 동안 만든 로봇이 지금까지 남아 있지는 않습니다. 왜냐하면 모두 실험실에서 부품을 해체했기 때문이지요. 로봇의 역사를 살펴보려면 실물로 남아 있는 장난감 로봇의 역사를 살펴볼 수밖에 없어요. 그래서 장난감 로봇이 첨단 로봇의 조상인 셈입니다.

레오나르도 다빈치와 자동인형

중세 유럽에서는 커다란 문을 열거나 악기를 연주하는 기계 장치들이 만들어졌어요. 이러한 장치들은 장식용이나 신비감을 나타내기 위한 종교 도구 또는 지배자의 권위를 내세우는 과시용으로 활용되었답니다.

예술과 과학 분야에서 많은 업적을 남긴 레오나르도 다빈치도 로봇에 큰 관심을 가

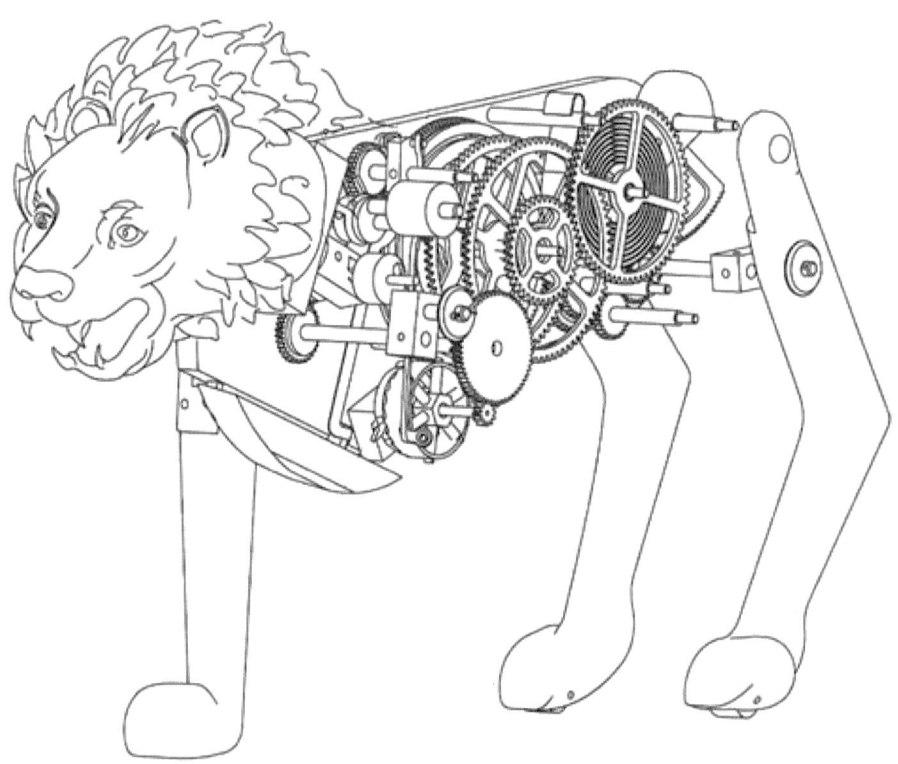

레오나르도 다빈치의 사자 자동기계 설계도

가슴이 열리면서 꽃이 나오는 사자
자동인형(1515년 레오나르도 다빈치)

> **레오나르도 다빈치**
> **(1452~1519년)**
> 이탈리아에서 태어났으며 예술과 과학을 융합한 인물이지요. 최초로 기계로봇을 설계했답니다. 500여 년 전 이미 로봇과 비행기라는 현대의 첨단 과학 기술에 대한 개념을 제시했고 실제로 모형을 설계하고 만들었답니다.

졌어요. 과학적 원리로 자동기계 인간을 제작하기 위한 설계도를 만들기도 했지요. 미국인 연구가 로즈하임의 《레오나르도의 잃어버린 로봇을 찾아서》에서는 다빈치가 그린 여러 형태의 자동기계를 소개하고 있습니다. 자동기계 팔과 로봇 기사의 세밀한 설계도를 볼 수 있지요.

과학 로봇의 시작

설계도에 구상된 로봇을 보면 오늘날의 수준과 크게 다르지 않아요. 혼자 힘으로 걸을 수 있고 가슴이 열리면 그 안에서 꽃이 나오는 사자도 만들었답니다.

레오나르도 다빈치는 인체 구조를 응용하면 얼마든지 사람처럼 움직이는 기계 인간을 만들 수 있다고 믿었지

자동인형
(1880년쯤 유럽 제작)

> **자동기계**
> 기계에 의해 움직이는 물체. 속 자동인형이나 시계 등 자동장치를 말합니다. 어원은 '스스로 움직인다.'라는 뜻인 그리스어 아우토마토스(Automatos)로 오토마타(Automata)로 쓰기도 하지요. 18세기는 자동기계의 전성기로서 온갖 종류의 자동인형들을 만들었답니다. 1900년 이후 단독 보행하는 로봇의 등장으로 현재는 일부 장식이나 선물용으로만 사용되고 있지요.

요. 그의 설계도가 과학 로봇의 출발점이라 해도 될 것 같습니다. 16세기부터 제작된 자동인형은 사람들의 흥미를 끌면서 18세기에 전성기를 맞고 19세기까지 인기가 있었습니다. 자동인형은 장치 안에서만 한정되어 움직이기 때문에 새로운 기술이 적용되지는 못했지요. 아쉽게도 예전과 같은 모습의 기계식 자동인형으로 머물게 되었답니다. 수요도 줄어들어 그 시기부터 진화가 멈춘 것이라고 할 수 있습니다.

태엽식 보행 로봇

1900년 초 독일에서는 태엽을 감으면 혼자 움직이는 태엽식 보행 로봇이 처음 등장합니다. 이후 자동인형은 빠르게 뒤로 밀리면서 로봇의 역사에서 한 귀퉁이를 장식하게 되었어요. 태엽식 보행 로

최초 태엽식 보행 로봇
(1900년쯤 독일 제작)

봇이 인기를 끌면서 자동인형은 쇠퇴했지만 로봇의 진화에는 아주 큰 공헌을 했답니다. 사람 모습의 태엽식 보행 로봇은 점차 첨단 로봇으로 발전해 갔지요.

*인조인간 프랑켄슈타인

1818년에는 영국의 여성작가인 메리 셸리가 인조인간을 소재로 한 최초의 공상 과학 소설《프랑켄슈타인》을 발표했습니다. 젊은 과학자인 빅터 프랑켄슈타인은 죽은 사람의 시체로 인조인간을 만들었지요. 생긴 모습이 흉측한 데다 사람들과 어울리지 못하고 죽이기까지 하며 반항하자 프랑켄슈타인은 자신의 창조물을 죽이기로 합니다. 그러다 프랑켄슈타인이 죽게 되고, 그를 아빠라고 부르는 인조인간 프랑켄슈타인도 사라지면서 파멸을 맞게 되는 이야기입니다.

인조인간도 로봇을 만들기 위한 상상력을 제공했다고 생각됩니다.

전지로 작동하는
프랑켄슈타인 로봇
(1950년 일본 제작)

무슨 뜻이에요?

*인조인간 : 모든 기술을 이용해서 사람처럼 만든 물체를 말해요. 기계인간에서 시작해서 현재는 아주 다양한 종류의 인조인간이 소개되고 있답니다.

최초의 동화 로봇 《피노키오》

1881년에 출간된 이탈리아 작가 콜로디의 명작 《피노키오》에서는 장난꾸러기로 변신하는 목각 로봇을 선보였습니다. 피노키오는 최초의 동화 로봇이자 인간형 목각 인형이지요. 다양한 장난감과 공연으로 세계 어린이들을 즐겁게 해 주면서 피노키오의 인기는 더 커졌습니다.

여러 나라에서 나무로 만든 다양한 모습의 피노키오를 볼 수 있답니다. 피노키오가 캐릭터로 알려지기 시작한 시기는 1930년대예요. 1939년 미국의 디즈니랜드에서 만든 피노키오 캐릭터가 세계 어린이들의 사랑을 받아 피노키오의 기준 모델이 되었지요.

월트 디즈니

미국의 세계적인 엔터테인먼트 회사입니다. 만화영화 제작자인 월트 디즈니가 1928년 월트 디즈니 프로덕션을 세우면서 시작되었어요. 〈미키마우스〉〈백설공주〉〈피노키오〉〈신데렐라〉〈인어공주〉 등으로 전 세계 어린이들에게 꿈과 환상을 심어 주었지요. 1933년에 만든 〈미키의 기계인간(Mickey's Mechanical Man)〉에서 최초의 애니메이션 로봇이 소개되었답니다.

피노키오 인형이 첨단 로봇 피노로 탄생

세상에서 가장 아름다운 피노키오는 1930년대에 영국에서 만들었습니다. 오른손에는 사과를, 왼손에는 빛바랜 책 한 권을 들고 있는 장난꾸러기 피노키오 모습이 볼수록 귀엽지요. 2000년에 들어서서 일본이 첨단 기능을 갖춘

초기 광대 피노키오
(1930년대 미국 제작)

세상에서 가장 아름다운
피노키오(1930년대 영국 제작)

피노키오의 첨단 지능로봇 피노
(2001년 일본 제작)

> **에디슨(1847~1931년)**
> 에디슨은 미국의 발명가입니다. 인쇄 전신기, 전화기, 백열전등, 알칼리 축전지, 축음기, 영화 촬영기 등 많은 것들을 발명했지요. 1,300가지가 넘는 특허를 얻어 '발명왕'이라고도 불린답니다.

피노키오 로봇 '피노(Pino)'를 만들었습니다. 100년이 넘은 목각 인형 이야기를 첨단 로봇 피노로 변신시킨 모습에서 로봇의 무한한 가능성을 볼 수 있답니다.

에디슨의 말하는 인형

1890년 에디슨은 사랑하는 딸에게 크리스마스 선물로 말하는 인형을 만들어 주었지요. 이 인형은 우리나라의 참소리축음기 박물관에 전시되어 있습니다. 축음기 원리를 이용해서 웃고 울고 노래까지 한답니다. 가족에 대한 사랑으로 말하는 인형을 만든 에디슨의 모습이 아름답게 느껴지지요?

장난감이 어떻게 로봇으로 발전했을까?

1900년 《오즈의 마법사》에 나오는 양철 로봇 틴맨은 현대 로봇을 닮은 최초의 이미지입니다. 인간의 느낌이 있었기 때문에 큰 인기를 끌었지요. 그래서 지금까지도 어린이들에게 꿈을 주는 로봇으로 사랑받고 있답니다. 틴맨을 캐릭터 사업으로 성공시킨 회사는 미국의 디즈니였어요. 그 뒤 여러 종류의 틴맨 캐릭터가 만들어졌지요. 그런데 세상에서 가장 아름다운 틴맨은 어디서 만날 수 있을까요?

《오즈의 마법사》 초판

세상에서 가장 아름다운 틴맨으로 한국의 로봇박물관에서 볼 수 있답니다(1950년쯤 브라질 제작).

세상에서 가장 아름다운 틴맨

한국에 로봇박물관을 만들면서 세상에서 가장 멋진 틴맨을 꼭 찾아내야겠다는 생각을 했답니다. 마침내 눈에 띄는 틴맨을 발견했지요. 로봇박물관 담당자들은 심장이 두근두근 떨리던 이때의 순간을 평생 잊지 못할 거예요.

세상에서 가장 아름다운 틴맨은 1950년대에 브라질의 한 시계 수리공이 만들었습니다. 《오즈의 마법사》에 등장하는 틴맨의 모습에 감탄해서 정성을 다해 은색의 양철로 틴맨을 만들었답니다. 나비넥타이를 하고 의젓한 신사의 기품을 풍기는 모습이 정말 매력이 넘칩니다. 시계 수리공은 틴맨을 볼 때마다 크고 작은 행운이 찾아온다고 믿었지요.

이후 틴맨을 아들에게 물려주었는데, 아들은 훨씬 더 큰 틴맨을 만들었지요. 그러고는 아버지의 혼이 깃든 작은 틴맨

을 팔았답니다.

틴맨의 새로운 주인은 과연 누구일까요? 놀랍게도 이 틴맨을 한국의 로봇박물관에서 볼 수 있답니다. 양철 로봇인 틴맨을 바라보면 온갖 근심과 걱정이 사라지면서 용기가 솟아나게 된답니다. 정말 행운을 주는 정다운 로봇이에요. 세상에서 가장 아름다운 틴맨을 한국이 가지고 있다는 것은 대단한 행운입니다. 틴맨을 만난 모든 어린이들에게 행운이 찾아갈

《오즈의 마법사》와 틴맨(Tin Man)

1900년 출간된 소설로 현대 로봇의 모습이 처음 소개된 책입니다. 바로 로봇 모습의 양철 나무꾼 틴맨이지요. 틴맨은 인간과 같은 감각과 감성을 갖고 있는 기계 인간으로 묘사되었지요. 회오리바람에 휩쓸려 오즈라는 나라로 내던져진 도로시가 집으로 돌아가기 위해 도중에 만난 3명의 친구들인 허수아비, 양철 나무꾼, 사자와 함께 오즈의 마법사를 찾아가는 내용을 담은 이야기랍니다.

거예요.

이렇게 틴맨은 전 세계 사람들에게 많은 영감을 주었습니다. 유럽에서 양철 산업이 가장 발달한 나라였던 독일에서는 1900년대 초 틴맨의 뾰족한 코를 닮은 양철 인간형 보행 로봇을 만들었지요.

여성 로봇 마리아와 잔 다르크

1926년 오스트리아에서 태어난 독일인 프리츠 랑이 최초의 로봇 영화인 〈메트로폴리스〉를 제작했습니다. 이 영화에서 최초의 영상 로봇이자 여성 로봇인 마리아가 탄생했지요. 마리아는 금속성의 여성스러움과 신비함을

> **잔 다르크**
> 15세기 영국과 프랑스 사이의 백년전쟁에서 곤경에 처한 프랑스를 기적적으로 구한 여성이랍니다. 잔 다르크는 신의 이름으로 맨 앞에 서서 병사들의 사기를 북돋워 프랑스를 승리로 이끌며 영웅이 되었답니다. 그래서 여성 로봇의 모델이 되었지요.

동시에 갖추었답니다. 그때로서는 상당히 앞선 영상으로 예술성이 돋보이는 〈메트로폴리스〉는 유럽은 물론 미국, 일본에도 많은 영향을 주었지요. 그래서 유네스코가 지정하는 세계기록유산에 영화로는 첫 번째로 등록이 되었답니다.

승리를 상징하는 로봇

갑작스럽게 나타난 여성 로봇 마리아의 탄생에는 숨겨진 비밀이 있습니다. 제1차 세계대전을 일으킨 나라들은 모두 승리하기 위해서 단합과 애국심을 불러일으키는 데 온 힘을 쏟았어요. 그래서 승리라는 메시지에 알맞은 인물이 필요했지요. 이때 프랑스를 기적적으로 구한 시골 처녀 잔 다르크가 떠올랐답니다. '마리아'가 새겨진 깃발을 높이 들고 적진을 돌파하는 잔 다르크는 전쟁마다 기

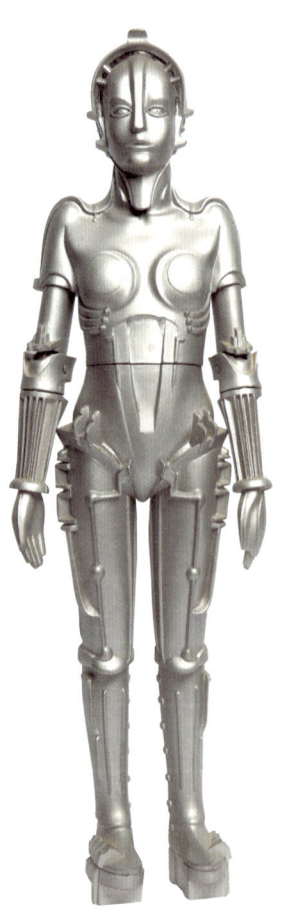

마리아 로봇

적적으로 승리했습니다. 그래서 잔 다르크는 나라가 곤경에 처했을 때 사람들에게 가장 힘을 줄 수 있는 인물로 여겨졌지요. 〈메트로폴리스〉의 여성 로봇 이름 마리아도 잔 다르크의 깃발에서 따왔답니다.

아마 제1차 세계대전이 일어나지 않았다면 잔 다르크는 다시 관심을 받지 못했을지도 모릅니다. 실제로 독일이나 미국, 영국 등에서는 전쟁 기간 중 잔 다르크처럼 싸울 것을 주장하는 포스터나 엽서 등이 발견되었지요.

세계박람회 속의 로봇

1930, 40년대에는 박람회의 전시용 로봇이 사람들의 관심을 끌었습니다. 1932년 영국에서 열린 '런던 전시'에 나타난 여성 로봇 알파(Alpha)는 많은 관심을 불러일으켜 미국과 일본에서 인기가 있었답니다.

스코티 강아지 로봇(1930년대)

1933년 미국 시카고에서는 '진보의 1세기'라는 주제로 세계박람회가 열려 시어스사에서 만든 사람과 같은 모습인 '전시 로봇'이 관심을 끌었습니다. 1939년 뉴욕에서 열린 세계박람회에서도 웨스팅하우스사 전시용 로봇인 일렉트로 맨(Elektro Man)과 강아지 로봇인 스파르코(Sparko)가 함께 전시되어 많은 관심을 끌었지요. 스파르코는 최초로 전시된 강아지 로봇이랍니다.

1933년 디즈니회사에서 제작한 '미키의 기계인간'에서 최초의 애니메이션 로봇이 소개되었답니다.

세계박람회에서 로봇이 전시되면서 로봇 문화는 세계로 빠르게 퍼지기 시작했습니다.

광고 속의 로봇

1935년 만화 《타이니 팀(Tiny Tim)》에서는 현대식 로봇인 메커니컬 맨이 등장합니다. 광고회사가 만든 '메커니컬 맨'이 미국 초기 로봇이랍니다.

1930년대는 조기 앤티크 로봇이 독일, 영국, 스위스 그리고 미국에서 탄생했는데, 그 중 독일이 앞서 가고 있었어요. 1935년쯤 스위스 시계 회사에서 만든 홍보용 로봇 '미도'는 최초의 광고 앤티크 로봇이랍니다. 피노키오처럼 나무로 만들었으며 앞가슴 가운데

메커니컬 맨
(1935년쯤 제작한 최초 미국 로봇)

붉은색 바탕의 여성 시계가 붙어 있었지요. 이 시계는 그때 최고의 인기 상품이었답니다.

하늘을 나는 슈퍼맨

1930년대에 가장 유명한 애니메이션 캐릭터는 1938년 6월에 제1호 만화가 출간된 슈퍼맨입니다. 붉은 망토를 휘날리며 하늘을 나는 모습이 아주 멋있었지요.

최초의 광고 로봇 미도
(1935년쯤 스위스 제작)

일본 장난감 아톰

1940대 후반에 아톰(Atom)이란 이름이 붙은 장난감이 많이 나왔습니다. 제2차 세계 대전 때 일본에 떨어진 원자폭탄의 위력은 아주 엄청났지요. 큰 피해를 입은 일본 사람들은 심한 열등감에 빠지게 되

> **원자폭탄(Atom Bomb)**
> 순간적으로 핵을 분열시켜 폭발하는 폭탄으로 엄청난 위력을 갖고 있지요. 최초의 원자폭탄 실험은 1945년 7월 미국 뉴멕시코주 실험장에서 이루어졌습니다. 그 해 8월과 9월 일본의 히로시마와 나가사키에 투하되어 폭발력이 세상에 공개되었답니다.

었어요. 하지만 공상 과학이라는 것에 매력을 느끼기 시작했답니다. 만화나 장난감에서 아톰은 재미있는 주제가 되었습니다.

이렇게 해서 탄생한 것이 1951년 데즈카 오사무가 만든 만화《우주 소년 아톰》이에요. 일본인들의 열등감

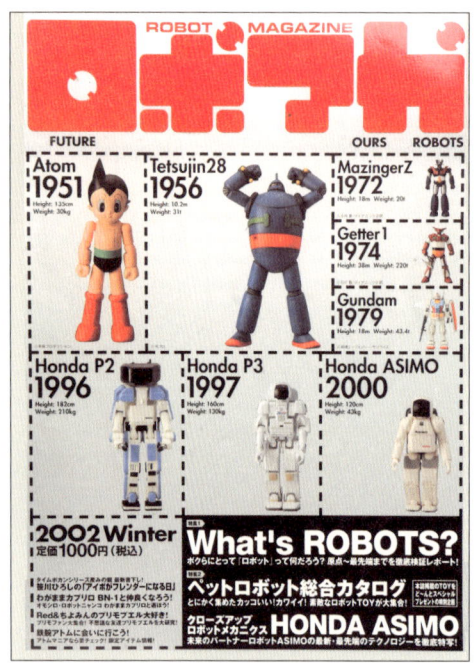

일본의 《로봇 매거진》 표지.
1951년 아톰부터 2000년 아시모까지 일본 로봇의 역사를 한눈에 볼 수 있습니다.

을 자신감으로 역전시켜 준 게 바로 '우주 소년 아톰'의 탄생이랍니다.

세계를 뒤흔든 캐릭터 아톰

원자폭탄으로 승리자가 된 미국인들은 아톰에 대한 자부심이 상당했어요. 1949년 《라이프(The Life)》라는 잡지에서 권투 장갑을 낀 아주 커다란 주먹을 강조한 소년을 표지 모델로 하여 아톰 특집호를 냈어요. 이 사진 하나만으로도 일본인들의 기를 꺾기에 충분했지요. 그래서 일본에서는 절대 지지 않는, 작지만 강한 슈퍼 소년이 일본인들의 꿈이 되었답니다.

우주 소년 아톰은 미국의 슈퍼맨 이상으로 일본의 열등감을 자신감으로 바꿔 버렸답니다. 작은 캐릭터 하나가 나라와 국민들에게 자부심을 심어 주게 된 것이지요. 아톰은 지금도 일본인들에게 꿈과 용기를 불어 넣는 국민 캐릭터랍니다.

데즈카 오사무

'일본 만화의 아버지'로 불리는 만화가입니다. 1928년 오사카에서 태어나 의학을 부전공했지만 어린 시절 미국 디즈니 만화에 감명받아 만화가의 길을 선택했지요. 《밀림의 왕자 레오》《우주 소년 아톰》《메트로폴리스》 등 꿈과 희망이 담긴 만화들을 많이 만들었답니다.

한국과 일본의 장난감 로봇 역사

1955년에는 한국 최초로 로봇을 소재로 한 《로벗트》라는 창작 만화가 나왔습니다. 만화가 이윤기 씨가 컬러로 제작한 *딱지본 만화이지요. 이 만화에는 청소부 로봇 등 생활 로봇이 나온답니다. 한국 로봇 역사의 시작을 보여 주는 귀중한 자료이지요. 이 작은 만화책 한 권이 우리가 로봇 강국이 된 게 결코 우연이 아님을 보여 주고 있습니다. 1960년대 일본에서는 대형 로봇인 '철인 28호'가 등장합니다. 일본은 로봇 장난감 강국으로 세계 시장을 앞서 나가기 시작하지요.

로봇 장난감 강국이 된 일본

1963년 10월 탄생한 일본의 대형 로봇 '철인 28호'는 슈퍼 로봇의 어머니로 지속적인 인기를 유지하고 있습니다. 1966년에 나온 울트라맨은 특이한 스타일로 어린이들의 시선을 끌었지요.

한국 최초의 로봇 소재 창작 만화 《로벗트》의 표지

1967년에는 사이보그라는 용어가 처음으로 사용된 만화인 《사이보그 009》가 나옵니다. 001부터 009까지 몸의 일부를 개조해서 신체 능력을 강화시킨 사이보그들을 시리즈로 등장시켜 청소년들의 마음을 빼앗았지요. 특히 아기 모습이지만 전자 두뇌를 갖고 있는 천재 '사이보그 001'은 많은 사랑을 받았습니다.

프레스랜드는 《옛날 장난감》이란 책에서 "일본의 장난감 로봇은 1950~60년대 양

> **무슨 뜻이에요?**
> *딱지본 : 국문 소설류를 신식 활판 인쇄기로 찍어 발행한 것을 말해요. 표지가 아이들이 가지고 노는 딱지처럼 울긋불긋한 데서 이런 이름이 붙었답니다.

《로벗트》의 만화 구성

철 장난감 가운데 최상의 장난감으로 앞으로 이와 같은 멋진 장난감들을 다시 만나기는 힘들 것이다."라고 했습니다.

1950년대 일본에서 만든 앤티크 로봇들이 요즈음 인기가 치솟아 가격이 계속 오르고 있답니다. 한국은 1968년에야 처음으로 양철 로봇을 만들었지요. 한국의 창작 로봇은 1970년대에 탄생했습니다.

사이보그(cyborg)

뇌 외의 부분, 즉 팔과 다리, 내장 기관 등을 교체한 개조 인간으로 생물과 기계 장치의 결합체를 의미하지요. 아무리 단순한 기술이라도 인공적인 게 인간의 몸과 결합되었다면 사이보그라고 할 수 있답니다. 심장 박동기를 단 사람은 이것이 없으면 살 수 없기 때문에 사이보그인 셈이지요.
사이보그를 연구하는 학문을 사이버네틱스라고 한답니다. 어원은 그리스어로 '배를 조종하는 키잡이'라는 뜻이랍니다.

울트라 맨

여러 로봇이 등장한 1970년대

1970년대는 슈퍼 로봇 마징가 제트의 출현에서 리얼 로봇 건담까지 여러 나라의 다기능 로봇들이 서로 다툼을 하던 황금기였지요. 어린이들의 취향이 양철에서 플라스틱으로 바뀌면서 플라스틱 로봇 인형이 많이 나왔답니다.

마징가 제트는 아톰과는 달리 주인공이 탑승해 조종하면서 움직이는 조종 전투 로봇으로 소년들의 가슴을 설레게 했습니다.

그레이트 마징가
(1974년쯤 일본 제작)

대형 로봇
원격 조종으로 움직이는 커다란 로봇을 말하지요. 최초의 대형 로봇은 1963년 탄생한 '철인 28호'입니다.

태권 브이와 마징가 시리즈

1) 태권 브이 시리즈
   로봇 태권 브이(1976년) – 로봇 태권 브이 우주작전(1976년) – 로봇 태권 브이 수중특공대(1977년) – 로봇 태권 브이와 황금날개의 대결(1978년) – 날아라, 우주전함 거북선(1979년) – 슈퍼 태권 브이(1982년) – 3단 변신 로보트 84 태권 브이(1984년) – 로보트 태권 브이 90(1990년)

2) 마징가 시리즈
   마징가 제트(1972년) – 그레이트 마징가 제트(1974년) – UFO로보 그랜다이저(1975년) – 마징카이저(2001년)

- 마징가 제트 : 1972년부터 1974년까지 전체 92화의 텔레비전 시리즈로 만든 애니메이션
- 그레이트 마징가 : 1974년부터 1975년까지 전체 56화의 텔레비전 시리즈로 만든 애니메이션
- UFO로보 그렌다이저 : 1975년부터 1977년까지 전체 74화의 텔레비전 시리즈로 제작된 애니메이션

한국 로봇 애니메이션 1호 〈로보트 태권 브이〉

1975년 일본의 마징가 제트는 〈마징가〉로 국내 텔레비전에서 방영되어 폭발적인 인기를 끌었습니다.

마징가 제트의 영향을 받아 1976년 7월 24일 김청기 감독이 한국 최초의 로봇 애니메이션인 〈로보트 태권 브이〉 1탄을 제작했지요. 만화영화로 18만 명이라는 엄청난 관객을 동원하며 마징가 제트의 인기도 단숨에 뛰어넘었답니다.

태권 브이는 태권도 대련 장면을 연상시킬 정도의 정교한 동작으로 높은 평가를 받았어요. 태권 브이 1탄 만화도 일주일 만에 2만 부가 팔릴 정도로 대단한 인기를 끌었답니다.

태권 브이 중에서 가장 귀중한 수집품을 꼽

초기 태권 브이
(1976년쯤 한국 제작)

> **슈퍼 로봇(Super Robot)**
> 로봇이 전투력을 발휘하는 로봇입니다. 조종사가 로봇과 일체가 되거나, 로봇이 인간적인 감정을 가지고 있는 것이지요. 마징가 시리즈와 게타로보 시리즈가 1970년대 본격적인 슈퍼 로봇의 시대를 열었답니다.

태권 동작이 멋진 로봇 태권 브이

는다면 태권 실력을 뽐내는 1탄 중 광고카드와 시나리오 컬러 원본이지요. 얼마 전 태권 브이 애니메이션 원본 필름을 다시 찾았다는 소식에 모두가 기뻐했습니다. 필름을 복원해 다시 극장에서 상영하기도 했지요.

1972년 슈퍼 로봇의 어머니인 마징가 제트와 1976년 로보트 태권 브이에 이어 1977년에는 스타워즈의 R2D2 및 C3PO 등이 나타납니다. 또한 슈퍼 로봇과 리얼 로봇의 중간 모델인 매칸더 브이가 로봇 대열에 끼게 되지요. 1979년에는 〈스타 트렉〉〈은하철도 999〉 등이 인기를 끌면서 로봇들도 많은 사랑을 받았습니다.

> **리얼 로봇(Real Robot)**
> 조종사의 능력이 로봇의 전투력을 결정하는 로봇 계열입니다. 로봇은 영웅이나 주인공이 아닌 전투를 위한 무기이지요. 최초의 리얼 로봇은 1979년에 탄생한 '기동전사 건담'으로 알려져 있답니다. 리얼 로봇 시대를 열어 준 건담은 첨단 전투 로봇으로 계속 다양하게 변신하면서 현재까지 많은 인기를 누리고 있어요.

지능형 안드로이드 로봇

1980년대와 1990년대에는 인간과 비슷한 모습의 *안드로이드 로봇이 나타납니다. 안드로이드 로봇 영화가 크게 인기를 끌면서 로봇이 더 많은 사랑을 받았지요. 특히 1982년에는 초기 안드로이드 로봇 영화인 〈블레이드 러너(Blade Runner)〉가 나오면서 새로운 형태의 로봇을 볼 수 있었습니다.

내부 구조까지 생명체와 비슷하게 구성된 지능형 안드로이드 로봇은 인간다운 로봇을 향한 발걸음이었습니다. 1984년에는 안드로이드 로봇의 대표작이라고 할 수 있는 터미네이터가 등장하지요. 인간에서 컴퓨터 지능으로 옮겨 가는 미래에 대한 예고처럼 보였답니다.

> **무슨 뜻이에요?**
> *안드로이드 로봇 : 어원은 그리스어로 '인간을 닮은 것'이라는 뜻입니다. 인간처럼 세포로 되어 있어서 겉으로 보기에는 인간과 구별할 수 없는 가공의 생물을 의미하지요. '복제 인간'이라고도 불린답니다.

첨단 로봇의 시대

1990년대에 인간과 비슷한 첨단 로봇이 나타납니다. 일본 혼다사는 첨단 보행 로봇을 가장 먼저 개발했어요. 1996년에는 비스듬히 기울어진 곳을 사뿐히 오를 정도로 손과 팔을 자율적으로 움직이는 'P-2'를, 1997년에는 모터 감속기를 응용하여 인간과 같은 몸짓을 하는 'P-3'를 만들었습니다. 1991년 상영된 영화 〈터미네이터 2〉에서 컴퓨터 그래픽이 만든 액체 금속 로봇의 출현은 첨단 로봇의 발전은 어디까지일까 궁금증을 자아내게 했습니다.

한국 최초의 휴머노이드 로봇 센토

1999에는 일본 소니사가 첨단 애완용 강아지 로봇인 '아이보'를 개발해 동물 로봇 시대를 열었습니다. 같은 해에 스웨덴은 비행접시 모양의 로봇 진공청소기를 개발했지요.

한국에서는 1999년 한국 최초의 휴머노이드 로봇인 센토가 탄생했습니다. 시청각 기능과 자유로이 움직이는 팔과 손을 갖고 있는 인간형 로봇 센토의 개발로 한국도 첨단 로봇의 경쟁에 뛰어들었지요.

두 발로 걷는 혼다의 아시모

2000년대에는 일본의 아시모로 지능로봇 시대가 열렸습니다. 아시모는 다시 한 번 로봇에 대한 관심을 불러일으키면서 전 세계의 부러움을 샀지요. 이전의 로봇들보다 조금 아담한 아시모는 인간과 가까운 형태로의 꿈을 실현시킨 첫 번째 로봇이에요. 사람을 닮은 다섯 손가락도 있고 음악에 맞춰 춤을 추기도 해 눈길을 끌었답니다.

하지만 아시모를 포함해서 이 시기에 만든 휴머노이드 로봇은 1979년 미국에서 개발된 써 갤럭시(Sir Galaxy)와 닮은꼴이랍니다.

로봇은 꽃이다

2001년부터는 다양한 애완용 로봇들이 나왔습니다. 피노키오를 본뜬 로봇 피노를 디자인한 일본의 타츠야 마츠이는 "로봇은 꽃이다."라고 했어요. 아름다운 꽃처럼 로봇도 사람에게 창의성을 불어넣고 생명을 느끼게 한다는 뜻이지요. 이 말은 로봇은 단지 인간의 보조 수단이 아니라 생활을 함께하는 친구라는 생각을 하

> **한국의 로봇박물관**
>
> 2004년 세계 첫 번째 로봇박물관(관장 : 이윤제)이 한국에 세워졌습니다.
> 로봇박물관에는 백성현 선생님이 15년 동안 모은 40개 나라의 초기 로봇과 3,500점의 앤티크 로봇이 전시되어 있지요. 초기 로봇부터 현대 로봇까지 전시한 로봇박물관은 세계에서 우리나라 하나밖에 없답니다. 그래서 로봇박물관은 세계가 부러워하는 한국의 자랑거리이지요.
> 일본도 2006년 나고야에 로봇박물관을 세웠습니다. 미국에는 초기 로봇은 없고 개인 취미 수준의 전시관이 몇 개 있는 정도입니다. 유럽에는 하나도 없지요. 로봇박물관 컨텐츠 경쟁도 첨단 로봇 못지않게 치열하답니다.

최초의 지능로봇 아시모
(2000년 일본 제작)

도록 해 주었지요.

돈을 받고 일하는 로봇

더욱 재미있는 일은 2002년 1월 두 살된 아시모가 도쿄 '과학 미래관'에서 안내원으로 일하게 된 것입니다. 일 년에 받는 돈이 우리나라 돈으로 약 2억 8천만 원 정도로 적은 돈은 아니지요. 로봇이 돈을 벌기 시작했으니 놀랍지요?

'인터넷 반응 로봇'의 등장으로 장난감 로봇은 첨단 로봇과 같은 수준으로 발달하게 됩니다. 장난감 첨단 로봇의 발달로 로봇의 기능

피노키오를 닮은 첨단 지능로봇 피노
(2001년 일본 제작)

도 어린이 놀이용에서 교육용, 가정용, 군사용으로 빠르게 변해 가고 의료 및 첨단 산업 현장까지 로봇을 이용하게 되었지요.

우주 강국 중국과 로봇

2003년 10월 15일 중국은 세계 세 번째로 유인 우주선 '선저우 5호' 발사에 성공했습니다. 최초 중국 우주인 양리웨이는 신화통신이 뽑은 '그 해에 잊을 수 없는 이름' 1위를 기록하면서 국가의 영웅으로 대접을 받았지요. 중국은 우주 과학의 강국으로 올라서면서 로봇 분야에서도 점점 많은 발전을 하고 있습니다.

일본은 2003년을 아톰 탄생 기념의 해로 정하고, 보석으로 장식한 아톰 모형을 도쿄의 한 백화점에 전시했습니다. 아톰은 일본을 대표하는 캐릭터로 1951년부터 현재까지 10만여 종의 문화 상품이 나왔을 정도랍니다.

써 갤럭시 로봇
(1979년 미국 제작)

한국 최초 두 발로 걷는 로봇 휴보

한국 최초의 휴머노이드 로봇인 센토(1999년)가 네 개의 다리로 걸어다닌다면 2004년 탄생한 '휴보'는 두 발로 걷는 최초의 로봇입니다. 휴보의 모습은 1979년형 써 갤럭시와 2000년형 아시모와 비슷합니다.

휴보가 세계 시장에서 눈길을 끌지 못하는 이유가 바로 여기에 있지요. 로봇 강국이 되려면 먼저 디자인에서 앞서야 합니다.

2005년에는 일본에서 실제 여성과 꼭 닮은 '레프리 큐1'이 개발되어 세상을 놀라게 했습니다. 레프리 큐1은 딱딱한 플라스틱이 아닌 부드러운 실리콘고무로 만들어져 사람 피부와 같은 촉감을 지녔습니다. 여러 가지 센서와 모터 장치 덕분에 눈꺼풀을 깜박이기도 해 마치 숨을 쉬는 것처럼 느껴진답니다.

춤 상대가 되어 주는 여성 로봇도 등장했지요. 일본 아이치 세계박람회에서 북을 두드리거나 악기를 연주하는 로봇이 선을 보이면서 많은 박수를 받았습니다.

유에프오(UFO)

비행접시 등 정체를 알 수 없는 비행체를 말하지요. 1947년 6월 미국 워싱턴주 레이니어산 가까이에서 민간 비행사인 아놀드가 산 위 상공을 비행하는 물체를 목격하고 보고한 게 최초랍니다. 인간의 조종 없이 작동이 가능한 기계 장치를 무인 비행 물체 혹은 드론(Drone)이라고 합니다. 무인 비행 물체와 같은 시스템을 통해서 인공위성과 우주 비행선을 개발할 수 있었지요.

임산부 로봇 노엘

2006년에는 임신부처럼 아기를 출산하는 임산부 로봇이 미국에서 개발되어 의사의 눈길을 끌었지요. '노엘(Noelle)'이라는 이름의 여성 로봇은 사람처럼 맥박도 뛰고 소변도 보며 숨도 쉰답니다. 또한 통증을 호소하다 몇 분 내에 출산도

해서 산부인과 교육용으로 인기가 대단하지요.

생체 모방 동물 로봇

미국은 뱀 가죽 같은 실리콘고무에 아주 가느다란 전선으로 조종되는 벌레 모양의 로봇을 개발하고 있다고 합니다. 동물이나 곤충의 생체 모방을 이용한 기술로 공학뿐만 아니라 미술 등 5개 분야의 전문가들이 한 팀이 되어 연구 효과를 높이고 있답니다. 이 로봇은 땅 밑을 돌아다니다가 광맥

아주 귀여운 소년 우주 로봇
(1950년쯤 미국 제작)

을 발견하면 즉시 터질 수 있도록 몸속에 화약을 저장하고 있지요.

2008년 4월 8일 한국에서도 마침내 첫 우주인 탄생했습니다. 주인공은 바로 이소연 씨입니다. 그래서 로봇과 우주 과학에 대한 어린이들의 관심도 더욱 커지고 있습니다. 우리나라에서는 앞으로 인천과 마산에 로봇 테마파크를 만들어 로봇 도시를 조성할 예정입니다. 그러면 로봇에 대한 연구를 더 활발히 할 수 있겠죠.

플라모델(플라스틱 모델)

실물을 알맞은 비율로 축소해서 정밀하게 플라스틱 금형으로 재구성해서 상품화한 것입니다. 플라모델은 본래 17, 18세기 유럽에서 유래된 것이지요. 귀족들의 기호품이나 사치품으로 주목을 받던 아주 비싼 제품이었답니다. 1960년대 말 일본이 플라모델을 만들면서 이를 좋아하는 사람들도 많아졌지요.

피규어(Figure)

플라모델의 일종으로 재질은 플라스틱의 일종인 레진입니다. 부품을 삶아서 조립한 뒤에 기포를 메우고 튀어나온 부분을 손질한 뒤 색을 칠하는 것이지요. 일본에서 주로 만들고 있는데, 많이 만들지 않고 손으로 작업을 해야 하기 때문에 가격이 비싸답니다.

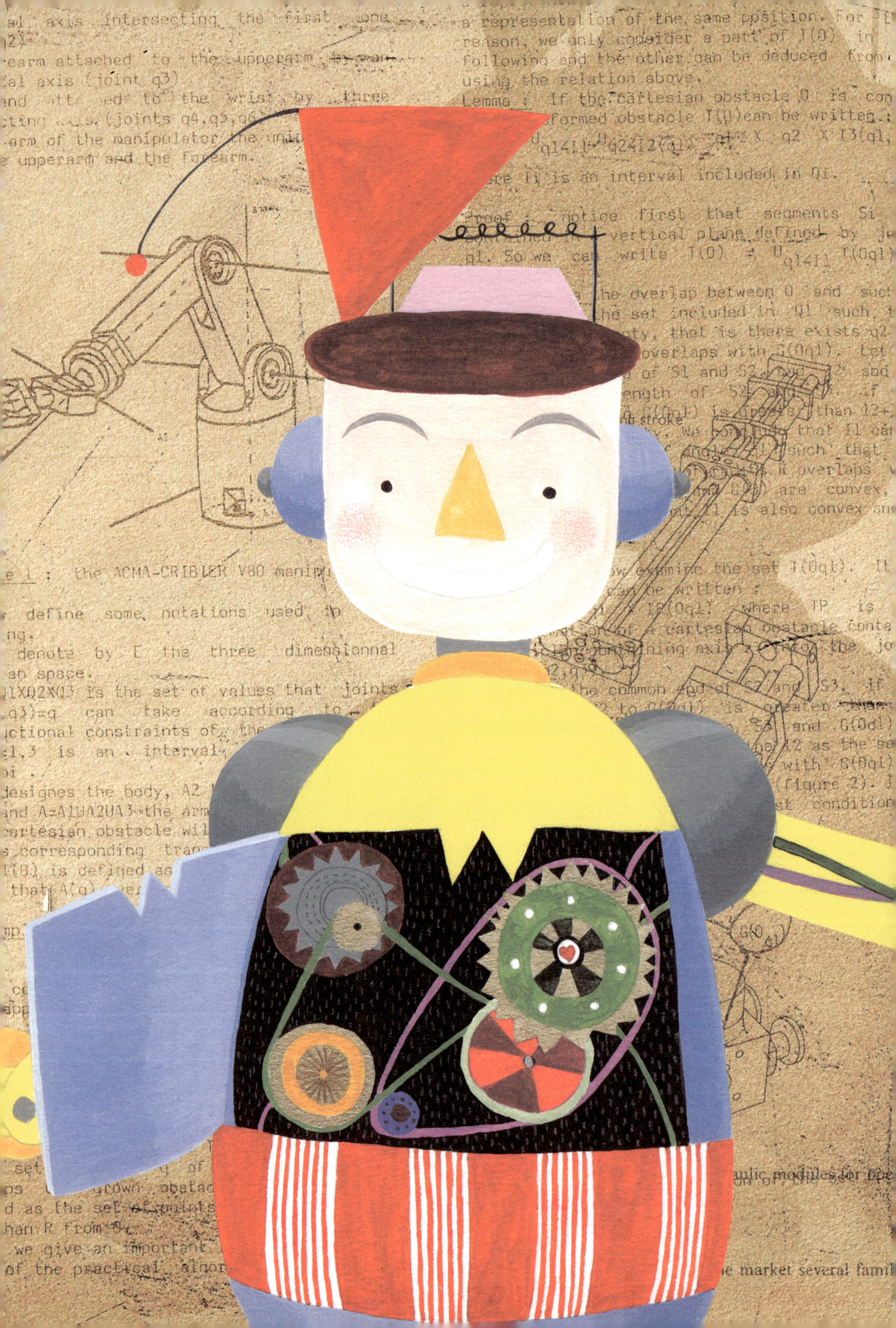

3 로봇의 원리

로봇이 무엇일까요?

기계의 움직임이 컴퓨터 같은 제어 장치를 이용해서 입력한 프로그램에 따라서 조종되는 모든 것을 로봇이라고 합니다.
로봇이라고 하면 흔히 우리는 로보트 태권 브이처럼 사람 같은 형태의 로봇이나 공장에서 자동차나 전자 제품을 생산하는 산업용 로봇만 생각하지요. 하지만 로봇은 우리 생활에서 다양한 모습으로 이미 많이 사용되고 있답니다.

인공지능 프로그램이 있는 로봇

컴퓨터 프로그램에 의해 기계의 움직임이 제어되는 모든 것을 로봇이라고 했죠? 그럼 우리가 사용하는 것들 중 어떤 게 로봇이 될 수 있을까요?
첫 번째로 집집이 있는 세탁기를 살펴보면 요즈음 나오는 세탁기는 빨래를 통 속에 넣기만 하면 물의 양과 세탁 방법, 세탁 시간까지 스스로 결정해서 세탁을 하지요. 세탁기에 인공지능 프로그램이 있는 작은 컴퓨터를 사용해서 그 프로그램대로 세탁기를 조종하고 움직일 수 있는 것이지요. 이것이 세탁기 로봇이라고 볼 수 있습니다.

'일본 인터내셔널 마이크로 로봇 MIZE 콘테스트' 대회 2007년, 2008년 우승
미로 마이크로 로봇(국민대학교 무인차량연구실 제작)

자동차도 로봇이에요

두 번째로 우리가 매일 타는 자동차도 로봇이랍니다. 자동차는 사람이 운전을 하는데 왜 로봇일까 의문이 들지요? 자동차의 심장인 엔진은 사람이 원하는 대로 동작은 하지만 엔진에 붙어 있는 컴퓨터에 의해서 스스로 최소의 연료소비로 최대의 힘을 내기 위해서 조종되고 있답니다. 다만 운전자는 엔진에게 자신의 의사를 전달하는 것이랍니다.

그리고 사람이 자동차를 운전하다 위험한 상황에 부딪혔을 때 자동차 내부의 컴퓨터가 위험 상황을 판단하고 차량의 *조향 핸들이나 브레이크를 스스로 움직인답니다. 그래서 자동차도 공학적 의미에서는 로봇이라고 할 수 있지요.

이렇게 보면 우리가 매일 보고 사용하는 대부분의 물건들이 로봇에 속한답니다.

한국의 로봇박물관에 있는
유아 교육용 안내 로봇 아이로브큐
(2008년 유진로봇 제작)

무슨 뜻이에요?
*조향 핸들 : 자동차의 바퀴를 움직여 방향을 잡을 수 있게 손으로 조작하는 운전대를 말합니다.

로봇의 구성 요소

로봇은 어떠한 부품들로 이루어졌을까요? 겉으로 보이는 모습뿐만 아니라 로봇 속에는 많은 기계와 장치 그리고 컴퓨터 프로그램까지 숨어 있답니다.
로봇 속에는 무엇이 있는지 한번 알아볼까요?

로봇을 움직이게 하는 컨트롤러

첫째, 로봇을 구성하는 몸체(Body, Manipulator: 조종자)가 있어야 합니다. 쉽게 로봇의 겉모습이라고 생각하면 된답니다.

둘째, 로봇의 몸체를 움직이기 위한 구동기(Actuator)가 있어야 합니다. 구동기는 로봇의 몸체나 로봇에 붙은 팔 또는 다른 기구를 움직이게 하는 것으로, 가장 많이 사용하는 게 모터랍니다. 모터 외에는 유압 실린더, 공기압 실린더, 형상기억 합금 등을 사용합니다.

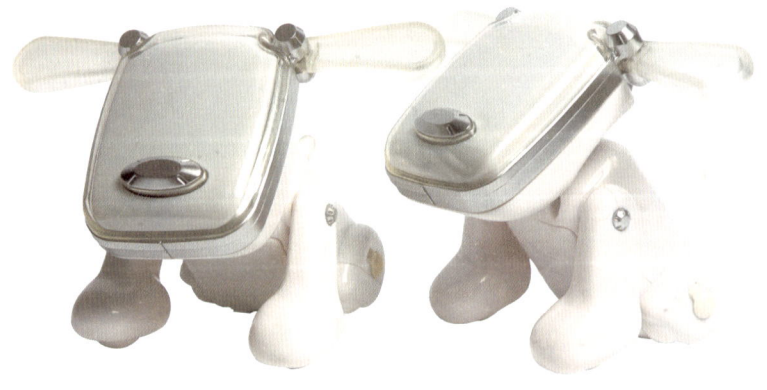

MP3 플레이어 댄싱 로봇(2005년 중국 제작)

셋째, 로봇의 몸체가 얼마만큼 움직였는지를 알아내는 센서(Sensor)가 있어야 합니다. 센서는 로봇이 자신의 움직임을 알기 위한 센서와 주변 환경을 알기 위한 센서로 구분할 수 있지요. 센서에는 초음파 센서, 적외선 센서, 레이저 센서, 광학 센서 등이 있답니다.

넷째, 구동기와 센서를 제어하기 위한 조정 컨트롤러(Controller)가 있어야 합니다. 컨트롤러는 하나의 센서 또는 구동기만을 제어하기 위해서 사용되는 소형 컴퓨터랍니다. 우리가 매일 사용하는 핸드폰도 일종의 컨트롤러이지요. 하나의 로봇에는 한 개 이상의 컨트롤러가 있어야 합니다.

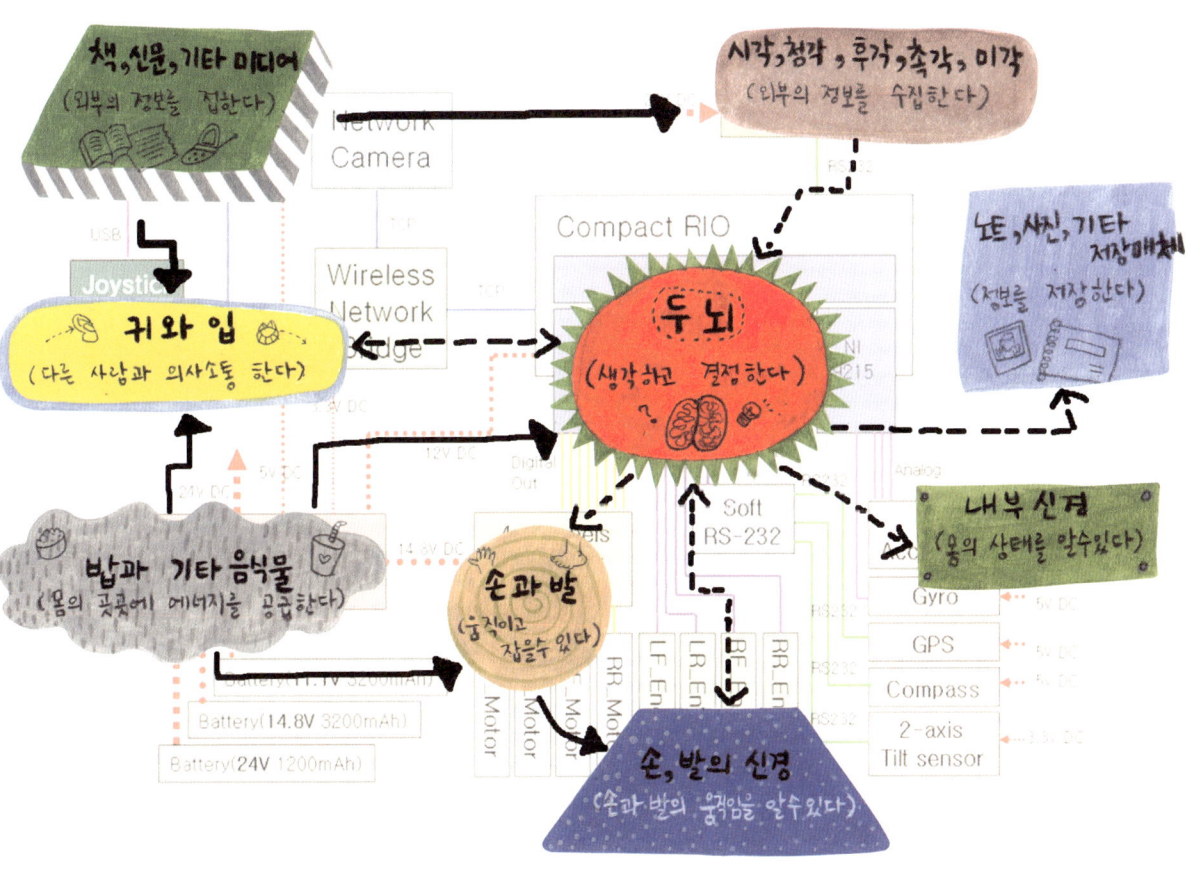

로봇의 동작 원리 구성도

강아지 로봇(2000년 미국 제작)

다섯째, 컨트롤러에 명령을 전달하고 관리하는 역할을 하는 프로세서(Processor)도 있어야 하지요. 프로세서는 주로 복잡한 계산을 하는 데 사용합니다. 우리가 사용하는 PC(Personal Computer)의 CPU가 대표적인 프로세서예요. 로봇의 프로세서는 로봇에서 발생하는 많은 데이터를 빠르게 처리하고 계산하기 위해서 사용되며 단순한 로봇 같은 경우에는 프로세서를 사용하지 않는 경우도 있답니다.

여섯째, 컨트롤러와 프로세서를 동작시키기 위한 소프트웨어(Software)가 필요하답니다. 소프트웨어는 운영 체제(Operating System)와 일반 개발용, 실행용 프로그램으로 나눌 수 있지요.

로봇의 구성 요소를 사람의 몸과 비교했을 때 로봇의 몸체는 사람의 골격(뼈)과 같고, 구동기는 사람의 뼈를 움직이는 근육, 센서는 사람의 오감(시각, 미각, 청각, 후각, 촉각)과 신경, 컨트롤러는 자율신경과 소뇌, 프로세서는 사람의 대뇌라고 할 수 있답니다.

로봇의 동작 원리

로봇의 동작 원리를 살펴보기 전에 먼저 사람이 어떻게 움직이는지를 알아보면 로봇을 이해하는 게 더 쉬울 것 같습니다. 우리 어린이들도 사람이 동작을 어떻게 하는지 한번 곰곰이 생각해 보기 바랍니다.

스스로 로봇이 되어 보세요

책상 위에 있는 펜을 잡는 경우를 생각해 보세요. 우선 사람은 눈으로 책상 위에 있는 펜을 찾습니다. 그리고 펜의 위치가 계산이 되면 대뇌는 펜의 위치를 소뇌로 전달하고, 소뇌는 팔의 근육이 움직이도록 명령을 내립니다. 그러면 팔이 펜을 잡기 위해서 움직이지요.

대뇌는 눈으로 인식한 펜의 위치와 팔의 위치를 계속해서 계산해 움직여야 할 거리를 소뇌에 전달하고, 소뇌는 팔의 근육을 계속 움직이도록 합니다. 펜을 잡을 때까지 연속적으로 이와 같은 행동을 반복하게 됩니다.

로봇의 경우는 로봇에 붙어 있는 센서를 이용해서 펜의 위치를 찾습니다. 펜을 찾는 방법은 여러 가지가 있겠지만 보통 카메라와 영상처리 기법을 이용한답니다. 펜을 찾게 되면 로봇의 컴퓨터에서 펜까지의 거리와 로봇 팔이 움직일 거리를 정확히 계산합니다. 로봇 팔을 움직이게 하기 위해서 사용한 모터를 제어하는 컴퓨터로 움직일 거리를 통신을 통해 전달하면 모터 제어 컴퓨터가 모터의 움직임을 조종해 로봇의 팔이 움직이게 된답니다.

그럼 다시 로봇에 붙어 있는 카메라는 펜과 팔의 거리를 계산하고 컴퓨터로 전달해서 모터를 움직이는 행동을 반복하게 되는 것이랍니다. 이러한 것을 귀환(피드백)제어라고 하지요.

팝 디자인 로봇(1960년쯤 스페인 제작)

프로그램과 명령

로봇은 움직이기 위해서 사전에 할 일에 대한 프로그램이 입력되어 있어야 합니다. 그래야 로봇이 해야 할 일에 대한 명령이 주어지면 로봇은 스스로 명령을 수행하기 위해서 센서를 이용해 자신의 상태 및 주변 환경을 인식할 수 있답니다. 로봇에 붙어 있는 여러 컴퓨터들은 인식된 데이터를 바탕으로 어떻게 움직여야 하는지를 계산하고 여러 구동기를 움직여 로봇이 움직이게 된답니다.

로봇을 이해하는 가장 빠른 방법은 사람이 스스로 로봇이 되어 보는 것이랍니다. 내가 움직일 때 어떠한 순서로 움직이게 되는지 생각해 보고 그 순서대로 로봇을 움직이면 되는 것이지요.

(52~59쪽 글은 국민대학교 무인차량연구실 문희창 박사 제공)

4 로봇과 애니메이션의 역사

아톰 탄생의 비밀

1951년 탄생한 우주 소년 아톰의 뾰족한 머리 모양에 많은 사람들이 반했어요. 아톰은 지금까지도 세계적으로 가장 사랑받는 로봇 캐릭터 가운데 하나랍니다. 아톰이 태어나기까지의 비밀을 풀어 볼까요?

미국의 미키마우스를 모방한 아톰

아톰은 미키마우스를 모방한 것이라고 아톰을 만든 데즈카 오사무가 말했어요. "단추가 하나 달린 셔츠에 장갑을 끼고 넓적한 구두를 신은 미키마우스의 모습은 만화 작업에 많은 영향을 주었어요. 우선 아톰은 여러 면에서 미키마우스와 많이 닮았지요.

1946년 8월호 미국 만화 잡지 《테리툰》 미키마우스와 슈퍼맨을 합성한 마이티마우스가 표지를 장식했어요.

미키마우스의 커다란 귀처럼 아톰 머리에도 뾰족한 뿔 모양으로 머리카락이 솟은 부분이 두 군데 있어요. 특이한 점은 미키마우스의 귀가 어느 방향에서나 늘 두 개로 보인다는 점입니다. 고개를 옆으로 돌리면 귀가 겹쳐져 하나로 보일 텐데도 미키마우스의 귀는 항상 두 개가 보이지요.

이것은 마술과도 같은 애니메이션의 한 기법인데, 아톰도 마찬가지로 애니메이션 안에서는 머리를 어떤 방향으로 돌리든 뿔이 하나로 보인 적은 없죠. 몸을 돌려 날거나 땅속으로 파

마이티마우스 인형

슈퍼마우스 우주 차(1950년 일본 제작)

고 들어갈 때도 역시 두 개의 뿔이 항상 보이며, 이것이 미키마우스의 영향을 받은 가장 대표적인 사례입니다.

아톰이 윗옷을 입지 않은 것도 미키마우스와 같아요. 미키마우스는 팬티만 걸친 스타일이죠. 아톰 역시 팬티 차림이에요. 납작한 구두는 아톰이 검은색, 미키마우스가 빨간색으로 색상만 다를 뿐 모양은 거의 같다고 볼 수 있죠. 통통하고 야무진 체구도 미키마우스를 보는 듯하죠?

이 밖에 무의식적으로 영향을 받은 것도 많아요. 미키마우스의 손가락이 4개인데 초기 아톰도 똑같이 4개이지요.

슈퍼맨과 아톰

아톰은 또한 하늘을 나는 슈퍼맨에서 영향을 받기도 했습니다.

데즈카는 1949년에 《메트로폴리스》라는 공상 과학 만화 책을 냈는데, 여기에 등장하는 주인공 '미치(Michi)'는 슈퍼맨을 닮은 우주 소년입니다. 이 만화에도 미키마우스가 등장한답니다. 《메트로폴리스》 출간 뒤 1951년 탄생한 뾰족 머리를 한 우주 소년 아톰의 모습은 미키마우스와 슈퍼맨을 합성시킨 새로운 우주 소년이었습니다.

슈퍼맨의 모방 가능성에 대해 데즈카는 이렇게 이야기했습니다.

"하늘을 이리저리 날아다니고 자동차를 공중에 던져 올리는 장면들은 당시 일본에서 유행하기 시작한 미국 만화에서 영향을 받았을 거예요. 그렇지만 내가 슈퍼맨 만화를 직접 본 기억은 없어요."

미국 만화의 일본 유행

데즈카가 슈퍼맨 만화를 직접 보지 못했다면 당시 하늘을 날며 정의를 실현하는 다른 캐릭터가 있었다는 것일까요? 1940년대에 하늘을 날아다니는 캐릭터가 슈퍼맨 외에도 여러 종류가 있었는데, 이러한 미국 만화들은 일본에서도 크게 유행했습니다.

1940년 초 미국에서는 미키마우스와 슈퍼맨을 최초로 합성시킨 마이티마우스(Mighty Mouse)와 슈퍼마우스(Supermouse)가 관심을 끌었답니다. 물론 일본에서도 인기가 있었죠.

데즈카에게 영향을 준 것은 슈퍼맨보다는 슈퍼마우스와 마이티마우스로 보입니다. 더 정확히 말하면 슈퍼맨과 미키마우스를 합성시켜 만든 마이티마우스와 슈퍼마우

1949년 2월호 미국 만화 잡지 《슈퍼마우스》

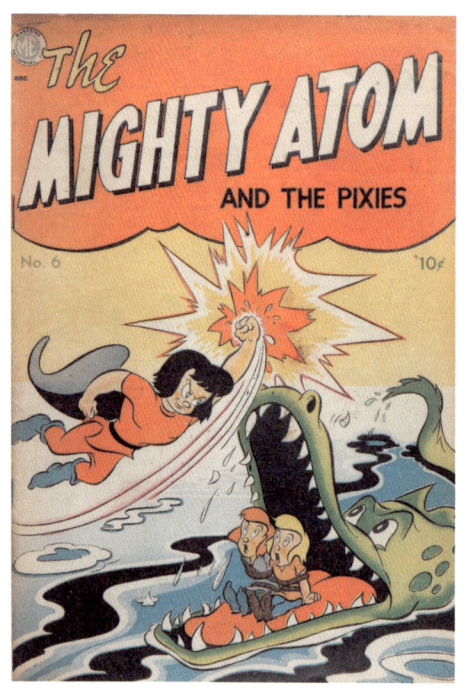

미국 만화 《마이티 아톰과 작은 요정들》
(1949년)

스를 모방했다는 표현이 올바른 해석이지요. 이들이 일본 아톰의 본래 모습입니다. 아톰의 탄생 비밀을 밝히는 것보다 더 중요한 것이 있어요. 데즈카는 모방에 머물지 않고 시대에 맞게 변신시켜 새로운 캐릭터를 창조했답니다. 모방을 통한 재창조라고 하죠. 우리가 흔히 생각 없이 따라 하는 건 표절이라고 하며, 재창조와는 다른 의미예요. 1946년에 나온 미국 만화 《똑딱 이야기》에서는 마치 슈퍼맨과 일본 아톰을 합성시킨 것 같은 슈퍼 소년 '마이티 아톰'이 주인공으로 등장합니다. 마이티 아톰은 주먹을 불끈 쥐고 하늘을 날아다니는 우주 소년의 모습을 한껏 자랑하지요. 일본의 아톰과 거의 비슷한 모습입니다.

같은 시리즈로 1949년 발간된 《마이티 아톰과 작은 요정들(The Mighty Atom and the Pixies)》이라는 만화에서 마이티 아톰이 공중에서 주먹으로 악어를 날려 보내는 장면이 눈길을 사로잡습니다. 일본 아톰의 영문 표기도 마이티 아톰(The Mighty Atom)으로 미국식 아톰과 똑같답니다.

이처럼 모방도 해야 새로운 창작도 할 수 있어요. 생각 없이 재미로만 끝내는 게 아니라 감동적인 새로운 아이디어를 상상해 내야 한답니다.

아톰이 모방을 넘어 세계적인 캐릭터로 성공한 또 하나의 비결은 일본인들의 아톰에 대한 열렬한 사랑 때문이랍니다. 우주 소년 아톰은 독자들의 관심으로 멋진 창작물이 된 것이지요.

안타깝게도 우리나라의 태권 브이는 아톰에 비해 세계에 제대로 알려지지 못했어요. 태권 브이를 살리기 위해선 캐릭터에 대해서 잘 알아야 한답니다. 캐릭터도 태어난 순간부터 잘 키워야 하는 생명체와 같습니다.

한국의 자랑스런 로봇 태권 브이

태권 브이는 지금 표절 시비에 시달리고 있답니다. 정말로 태권 브이가 표절일까요?
우선 현대 미술에서 모방, 표절, 재창조의 개념을 알기 쉽게 정리해 보았어요.
여러분들도 한번 공부해 보세요.

모방과 표절과 재창조

모방은 남의 창작을 신나게 따라 하는 행위입니다. 새로운 아이디어를 얻기 위해서 남의 작품을 따라해 보는 것이지요.

표절은 남의 창작을 생각 없이 그대로 베껴 자신의 작품으로 만드는 일을 말해요. 자신이 베낀 원작의 출처도 슬쩍 감추고 자신의 창작물이라고 거짓말을 하지요. 짝퉁 가방이 좋은 사례입니다.

재창조는 어떤 사물을 관찰한 뒤 영향을 받아 자신만의 새로운 개성을 창조하는 작업입니다.

재창조

표절

모방한 부분보다는 새로운 개성이 더 강하고 독특하게 보이는, 원작에서 멀리 달아난 새로운 작품이랍니다.

창작은 아무도 몰랐던 자신만의 메시지를 담아 사람들에게 감동을 주는 작품이랍니다.

1900년 이전 시기에는 표절과 창작 두 가지로만 구분을 했습니다. 그래서 작품에 개성이 얼마나 있느냐보다는 조금만 비슷해도 표절이라고 몰아세웠지요.

일본 마징가 제트와 한국의 태권 브이

태권 브이는 창작이랍니다. 태권 브이가 표절인지 재창조인지 한번 알아볼까요. 한국인이 가장 좋아하는 로봇 1위는 태권 브이입니다. 한국인의 마음과 정서에 태권 브이가 자리잡고 있기 때문이지요.

요즈음 어린이들 사이에서도 태권 브이의 인기가 올라가고 있어요. 그래서 나라가 어려운 일에 처했을 때마다 나타나서 나라를 구해 주는 국민 캐릭터가 되기를 바라고 있죠.

표절과 재창조는 쉽게는 겉모습이나 역할, 작용, 스토리 등으로 구분합니다. 물론 로봇의 경우는 겉모습과 동작이 가장 중요하지요.

태권 브이가 탄생하기 직전에 세계에서 가장 관심을 받는 로봇은 일본의 마징가 제트였어요. 한국 어린이들도 마징가 제트에 열광했죠. 이때 한국의 로봇 애니메이션을 만들어야겠다는 개척자가 나타났어요. 바로 김청기 감독입니다. 당시 인기가 최고인 마징가 제트를 보고 비슷한 로봇을 가능한 한 빨리 만들어야겠다는 생각을 했겠죠. 그 시기에 세계 일류 로봇인 마징가 제트를 관찰하고 모방하는 것은 아주 당연하고 적절한 선택이었답니다.

이제부터가 아주 중요합니다. 어떤 한국적 개성으로 마징가 제트와 구별이 되는가가 가장 중요한 사항이지요. 김청기 감독은 한국인으로서 한국의 대표적 성격을 나타내는 게 무엇일지 고민했을 것입니다.

그래서 생각한 게 첫째로 이순신 장군의 투구 모습입니다.

일본의 침략에 맞서 거북선으로 나라를 구한 이순신 장군은 한국인 모두가 가장 존경하는 인물이거든요.

인간형 로봇은 두뇌가 가장 중요합니다. 머리가 이순신 장군의 투구 모양인 태권 브이는 한국인의 애국심과 용기 그리고 전통의 혼까지 담고 있지요.

100여 년 전 한국의 다양하고 독특한 모자를 본 서양인들은 '모자 왕국' 이라며 놀라워했답니다. 이러한 역사적 전통이 태권 브이에서도 나타난 게 신기합니다.

둘째로 태권도입니다. 올림픽 종목으로 선정되어 세계적으로 인정받는 우리나라의 고유 무술이지요. 태권도를 뽐내는 태권 브이는 한국인의 역동성과 용기를 보여 줍니다. 지구에서 태권도를 하는 로봇은 태권 브이가 유일합니다.

이렇게 외형과 동작에서 표현한 한국의 고유한 특성이 태권 브이의 개성이 된 것이지요.

다음으로 중요한 점은 세계 최정상 로봇인 마징가 제트를 모방의 대상으로 삼았다는 점입니다. 한국의 유일한 고유 문화로 개성이 살아난 태권 브이는 마징가 제트의 인기를 넘어서며 새로운 최고의 로봇으로 변신을 합니다. 태권 브이의 인기가 마징가 제트의 인기를 단숨에 뛰어넘었죠. 모방을 통해서 성공적으로 재창조를 한 것입니다.

태권 브이 덕분에 우리도 대표적인 창작 로봇을 가진 국가가 되었습니다. 김청기 감독도 자신의 생각이 이렇게 중요한 창작의 뿌리가 되리라고는 미처 생각하지 못했겠지요. 물론 모방의 흔적이 많이 남아 있는 게 아쉬운 점이에요.

지금 한국이 세계적인 반도체 강국이지만 일본의 기술을 잘 관찰하고 재창조한 것입니다. 한국의 최고 문화유산인 13세기 고려청자를 중국 도자기의 표절로 보는 사람은 아무도 없지요. 실

짱가 로봇(1970년대 한국 제작)

제로 자기의 제조법은 중국 청자에서 그대로 따왔습니다. 그런데도 고려청자가 세계적인 명품인 것은 태권 브이의 경우와 꼭 같다고 생각합니다. 중국인도 감탄한 비취색과 세계 최초로 도자기에 상감 기법을 넣은 독창적인 생각으로 중국 청자를 넘어 세계 일류가 된 것입니다.

레오나르도 다빈치의 〈모나리자〉와 뒤샹의 모나리자

프랑스 작가 마르셀 뒤샹은 1900년대 초 레오나르도 다빈치의 〈모나리자〉를 거의 표절 수준으로 모방한 작품을 발표했습니다. 누구나 최고의 완성작으로 생각하고 있는 다빈치의 〈모나리자〉가 인쇄된 엽서 위에 단지 수염을 그려 넣은 뒤 제목을 붙이고 독창적인 작품이라고 했지요.

뒤샹은 모나리자가 변할 수 없는 최고 명작이라는 생각을 수염으로 깨는 창작

뒤샹의 수염이 그려진 모나리자의 모습

을 시도한 것이랍니다. 2000년 소더비 경매에서 뒤샹이 '얼간이'라고 사인한 변기가 무려 176만 달러에 팔리기도 했어요.

만화적 상상력에서 탄생한 지능로봇

태권 브이 속에는 한국인의 꿈과 희망이 있습니다. 태권 브이를 보고 감동했던 어린이들이 지금은 과학자가 되어 한국의 지능로봇을 만들고 있습니다. 태권 브이를 통해 꿈과 생각이 이동한 것이에요.

태권 브이가 아톰처럼 세계적인 캐릭터로 크지는 못했습니다. 하지만 태권 브이도 첨단 기술과 디자인으로 새로운 가치를 만들고 국민들의 사랑이 더해진다면 세계적인 로봇으로 살아날 수 있답니다.

여성 로봇의 변신

여성 로봇의 기원은 아마 사람의 모습에 날개가 달린 천사일 것입니다. 지금도 엔젤(Angel)이라는 이름을 가진 여성 로봇이 등장하는 게임이나 공상 과학 영화를 쉽게 만날 수 있지요.

마리아와 원더우먼
최초의 현대적인 여성 로봇은 1926년 프리츠 랑의 영화 〈메트로폴리스〉에 등장한 주인공 마리아라고 앞에서 이야기했지요.

그리고 1940년 미국에서는 원더우먼이라는 초인 여성 캐릭터가 새로운 여성 이미지를 만들어 주었습니다.
1950년대에는 여성과 로봇 그리고 여성 우주인이 자주 등장합니다.

1970년대 현대 여성 로봇 등장

현대 여성 로봇이 나타난 것은 1970년대 일본 일러스트레이터 소라야마 하지메에서 시작됩니다. 소라야마 하지메는 최초의 여성 로봇 마리아에 여성적인 매력과 차가운 금속성을 더한 로봇을 그려 섹시로봇이라는 이름을 붙였지요.
최근까지도 여성 로봇은 여성만의 개성을 보여 주면서 눈부시게 변신하고 있답니다.

원더우먼 인형

5 일하는 로봇

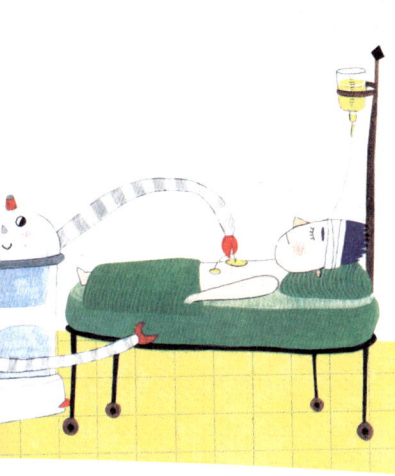

로봇과 직업

쓰레기장 여기저기에서 철이나 나사, 철사, 못 등을 주워 로봇을 만드는 게 취미인 중국인 농부 우위루 씨는 로봇 인력거를 만들어 타고 다닌답니다. 로봇 인력거는 우리나라 제주도에서도 볼 수 있지요. 현재 로봇은 우리 주위에서 다양한 일을 하고 있어요. 청소를 하거나 심부름을 하기도 하고 음악을 연주하고 춤을 추기도 하지요. 이처럼 요즈음 로봇의 직업이 점점 늘어나고 있답니다.

요리하는 로봇

"주인님, 오늘은 어떤 음식을 준비할까요?" 주문을 받고 재료를 준비해서 음식까지 만드는 로봇이 일본에서 개발되었답니다. 2008년 오사카 국제차기로봇박람회

에서 음식을 만드는 로봇 '모토맨-SDA10'이 사람들 앞에서 음식 솜씨를 뽐냈답니다. 이 로봇은 15개의 관절로 구성돼 음식 재료 준비하기, 칼질하기 등 세밀한 행동들도 충분히 할 수 있지요. 모토맨-SDA10은 두 팔을 자유자재로 움직이면서 반죽도 하고 프라이팬에 기름을 골고루 두르며 요리를 한 뒤 음식 모양도 가지런히 해서 접시에 담아 요리를 끝냈답니다.

키 1.37미터에 무게 217킬로그램인 이 로봇을 개발한 연구팀은 "사전에 저장된 음식 정보 데이터를 이용해서 요리를 할 수 있으며 이뿐만 아니라 몸에 붙어 있는 카메라로 주문을 받는 것도 가능하다."고 했습니다.

태엽식 요리사 로봇
(1950년 일본 제작)

혈압을 재고 차트를 운반하는 의료 서비스 로봇

병원에서 간호사를 도와 환자의 체온을 재고 약과 차트 등을 운반하는 로봇도 개발됐습니다. 한국의 포항지능로봇연구소는 경북대학교 전자전기컴퓨터공학부와 포스데이타능과 공동으로 연구해 간호사 업무를 도와주는 '간호 업무 보조용 의료 서비스 로봇(PIRO M1)'을 2008년 9월에 개발했답니다.

이 로봇은 간호사와 함께 병실을 다니면서 약이

나 엑스레이 필름 등을 운반하고, 환자의 기록 차트를 확인하고, 간호사의 지시에 따라서 환자의 상태를 체크하는 등의 업무를 스스로 할 수 있답니다.

키가 88센티미터 정도인 이 로봇은 병원에서 사용하는 카트와 비슷한 크기로 무선 체온 측정 기능 외에 혈압과 혈중 산소량 측정, 심전도 체크 등의 환자 모니터 기능도 갖고 있으며 간호사가 손으로 밀고 다닐 수 있어 여러모로 편리하게 활용할 수 있는 게 장점이랍니다. 개발된 의료 서비스 로봇은 경북대학교병원에서 시연회를 갖고 일반 사람들에게 공개되었습니다.

벽을 타고 오르는 로봇

풍선을 머리카락에 문지르고 벽이나 책받침에 대면 풍선이 달라붙게 됩니다. 정전기 때문이지요. 머리카락에 있던 전자가 풍선으로 옮겨가면서 풍선 표면이 (−)전기 상태가 되는데 (+)전기인 벽이나 책받침에 가까이 가져가면 서로 끌어당기게 된답니다. 이런 정전기 현상을 이용해서 미국 SRI인터내셔널에서 2008년 벽을 타고 오르는 로봇을 개발했습니다.

SRI인터내셔널에서 개발한 로봇 이전에 미국의 스탠퍼드대학교와 카네기멜론대학교에서도 벽을 타는 로봇을 개발했어요. 이 로봇은 다리를 번갈아 벽에 붙이면서 수직 벽을 타고 오를 수 있답니다.

SRI인터내셔널은 벽을 타는 로봇을 군사 정찰용이나 재난 현장 탐사용으로 이용할 수 있을 것으로 기대하고 있습니다. 그리고 건물의 유리창을 닦거나 페인트를 칠하는 데도 활용할 수 있을 것으로 예상하고 있지요.

로봇이 집을 지어요

사람이 자동차 핸들을 돌리듯 로봇과 연결된 핸들을 돌리자 150킬로그램짜리 무거운 유리판이 부드럽게 움직입니다. 사람이 핸들을 90도로 돌린 뒤 다시 핸들을 살짝 건드리니 유리판이 스르륵 돌아 각도를 맞추고 천장에 붙어요.

건설 현장에도 로봇이 나타났어요. 이 로봇이 건설 현장에서 사람과 함께 작업한 최초의 로봇이랍니다. 로봇과 사람이 함께 지게차를 타고 올라가 150킬로그램의 무게가 나가는 유리를 10미터 높이의 천장에 붙였지요.

HRI(Human-Robot Interaction)라고 부르는 이 로봇은 자동차 핸들 같은 원형 손잡이에 달린 센서를 통해 사람의 움직임을 알아냅니다. 사람이 핸들을 잡고 힘을 주면 로봇이 센서로 그것을 느끼고 사람을 쫓아서 이동하게 되는 거예요. 또한 로봇이 외부 충격을 받으면 정보가 사람에게 전달되기도 합니다. 사람과 로봇이 의사소통을 하는 셈이지요.

작업자의 경험과 손기술을 살리기 때문에 원격조종을 하여 로봇을 움직이는 것보다 더 세밀한 작업도 할 수 있다고 합니다. 사람이 직접 공사하기 힘든 곳에서 이런 로봇을 활용할 수 있기 때문에 앞으로 세워질 건물을 디자인하는 데에도 영향을 줄 것이라 예상한답니다.

집을 지키는 로봇

앞으로 SF영화에 나오는 도둑 잡는 로봇을 아파트 단지에서 볼 수 있게 된답니다. CCTV와 이동 감지 센서를 갖춘 로봇이 사람의 움직임을 알아내서 중앙 보안센터로 전송해서 도둑이 들었는지 알려 줍니다. 만화에 나오는 외눈 로봇 같은 귀여운 모습이랍니다.

로봇 경찰도 탄생했어요. 대전 지방 경찰청의 명예 경찰관으로 위촉된 로봇 '휴보'가 그 주인공이지요. 2004년 한국과학기술원(KAIST) 기계공학과 오준호 교수가 개발한 휴보는 로봇 월드 2007, 미래 성장 동력 2007 등 10여 곳의 전시장을 방문했고 지금도 바쁜 나날을 보낸답니다. 로봇에 대한 사람들의 관심이 점점 커지고 있기 때문이지요.

인간형 로봇인 휴보는 네모난 얼굴의 원조 휴보와 앨버트 아인슈타인의 모습을 본뜬 앨버트 휴보가 있어요. 앨버트 휴보의 얼굴엔 30개의 동력 장치가 있어 인간처럼 웃고

찡그리는 표정을 지을 수 있답니다. 눈썹과 이마를 위아래로 움직이며 여러 가지 표정을 짓는 앨버트 휴보의 모습이 진짜 사람처럼 보이지요. 어린이 같은 친근감을 주기 위해서 휴보의 키를 125센티미터로 만들었어요. 몸무게는 56킬로그램인데 앞으로 15킬로그램 정도 줄일 예정이랍니다.

한국 최초로 두 발로 걸을 수 있는 인간형 로봇 휴보를 만든 오준호 교수는 국내뿐 아니라 전 세계에 이름을 떨친 유명 인사이지요. 미국 CNN 등 각종 국내외 방송에 출현하기도 했으며 아시아 태평양 경제 협력체(APEC) 20개 나라 정상들과 만남을 가지는 등 민간 외교 사절의 역할을 하며 우리나라의 로봇 기술을 세계에 알리고 있답니다.

산업용 로봇과 서비스 로봇

로봇은 산업용 로봇과 비산업용 로봇으로 나눌 수 있습니다. 산업용 로봇은 산업 현장에서 사용되고 있고 비산업용 로봇은 여러 가지 종류로 나눌 수 있는데 '지능형 로봇'이나 '서비스 로봇' 등으로 부르고 있지요. 산업용 로봇은 사람이 하기 힘든 일, 할 수 없는 일을 하도록 설계된 것이랍니다. 의료용 로봇의 경우 전립선암의 수술과 치료 등에 쓰이고 있지요. 전립선 수술을 로봇이 할 경우 조그만 구멍 2~3개만 뚫어서 수술하기 때문에 굉장히 정교하게 할 수 있답니다. 그리고 수술 뒤 회복도 좋아서 3~4일 정도면 일상 생활이 가능하고 장애도

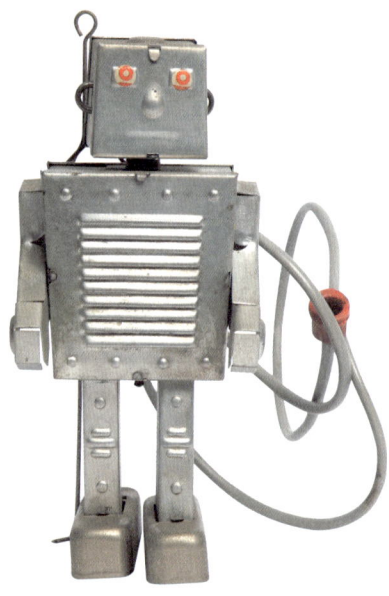

세계의 디자이너들에게
가장 인기 있는 로봇 난도
(1950년 이탈리아 제작)

앤서 게임 로봇
(1950년쯤 일본 제작)

거의 없답니다. 이런 수술은 로봇만이 할 수 있다고 합니다.

홈 서비스 로봇이라든가 엔터테인먼트 로봇은 사람이 할 수 없는 일을 대신해 주기보다는 기능을 응용해 좀 더 편하고 재미있는 생활을 할 수 있게 해 준답니다. 영화나 장난감 산업 등의 엔터테인먼트 쪽에서 많이 활용되고 있습니다.

우리나라는 2002년에 처음으로 'KHR1'이라는 로봇을 개발했어요. 팔도 손도 머리도 없이 몸체만 있는 형태의 로봇이지만 세계적으로 눈길을 끌었지요.

피카소 미술가 로봇
(1985년 홍콩 제작)

왜냐하면 휴머노이드 로봇은 굉장이 많은 시간과 돈이 필요할 뿐만 아니라 큰 연구 집단에서만 가능하다고 생각했는데, 작은 연구소에서 새로운 개념으로 만들었기 때문입니다.

이듬해에는 'KHR2'라는 두 번째 로봇이 나왔어요. 이것이 '휴보'의 전신이랍니다. 기본적으로 휴보의 모든 기능을 가지고 있었는데, 눈으로 사물을 볼 수 있고 걸으면서 사물을 추적할 수도 있으며 손가락 운동도 가능했답니다.

그다음에 만든 게 휴보이지요. 2005년에는 '앨버트 휴보'를 만들었습니다. 휴보의 몸체를 변형해서 앨버트 휴보의 몸체를 만들었어요. 앨버트 휴보는 세계 최초로 사람의 얼굴처럼 표정을 지을 수 있는 로봇으로 인정받고 있답니다.

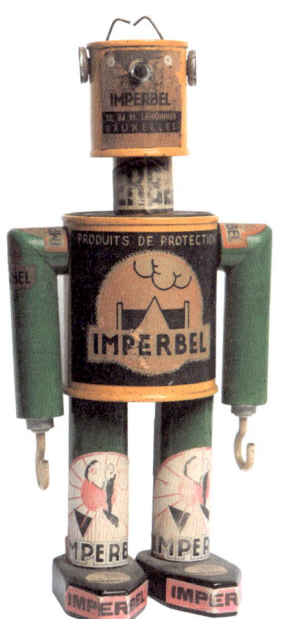

벨기에 임페르벨사의
광고 로봇
(1950년대 벨기에 제작)

미래형 강아지 로봇
미오(2000년 중국 제작)

다양하고 독특한 이색 로봇

요즈음에는 로봇이 여자 친구 역할까지 한답니다. 친구뿐만 아니라 우주 밖으로 나가서 실험도 하고 있지요. 앞으로는 로봇이 더 다양하고 위험한 일들도 하게 될 것 같습니다.

여자 친구 로봇

여자 친구를 만날 시간이 없을 정도로 바쁜 과학자가 여자 친구 대신 '로봇 여자 친구'를 만들었답니다. 캐나다 온타리오에 살고 있는 33세의 과학자 레 쭝이 로봇 '아키코'를 만들었어요. 어려서부터 로봇에 관심이 많았던 쭝은 영어와 일어 두 가지 언어를 이해하고 말할 수 있으며, 간단한 청소 등의 집안일도 할 수 있는 로봇 아키코를 만들었답니다. 아키코는 빛나는 머리카락과 뽀얀 피부, 귀여운 얼굴을 가진 미녀 로봇이랍니다. 약 1만 3천 개의 단어를 이해하고 말할 수 있으며, 신문도 큰 소리로 읽을 수 있는 완벽한 로봇으로 아키코의 능력을 향상시키는 연구를 계속할 계획이랍니다.

첨단 지능 소녀 로봇 사쿠라.
디자인은 일본,
제작은 중국(2005년)

로봇 다리로 걸을 수 있어요

하반신이 마비되어서 20년 동안 걷지 못하던 남성이 로봇의 도움으로 걸을 수 있게 되었답니다. 그는 '리워크(Rewalk)'라는 장치를 이용해서 다시 걷게 되었지요. 리워크는 이스라엘 첨단 기술 업체의 발명품으로 하반신 마비 환자를 걷게 하는 일종의 전자 장치예요. 다리에 붙이는 리워크는 모터가 달린 목발과 가슴에

우주 강아지 로봇(1950년 일본 제작)

붙이는 센서 그리고 움직임을 제어하는 백팩을 이용해서 움직입니다. 리워크에 붙어 있는 센서가 데이터를 백팩에 전달하면 리워크 관절 부위에 붙은 모터가 작동하며 로봇처럼 움직이는 원리예요.

이때 가슴에 붙어 있는 센서는 경사 각도를 재서 균형을 유지시켜 주지요. 또 사용자는 손목에 붙은 원격 조종기를 이용해서 일어나기, 앉기, 걷기, 계단 오르기 등을 할 수 있답니다.

이 로봇을 발명한 에미트 고퍼도 하반신 마비 환자랍니다. 하지만 1997년 사고로 하반신이 마비된 그는 자신의 발명품을 사용할 수 없었지요. 왜냐하면 리워크를 쓰려면 상반신은 움직일 수 있어야 하는데 고퍼는 상반신까지 마비됐기 때문입니다. 리워크는 이스라엘 의료센터에서 임상 실험 중이고 곧 상용화될 예정이랍니다.

우주 로봇이 왜 필요할까요?

조지 루카스 감독의 영화 〈스타워즈〉 시리즈를 재미있게 본 사람이라면 여러 가지 기능을 이용해서 재치 있게 주인공을 도와주는 R2D2 로봇을 기억할 것입니다. 모

험심과 사명감으로 궂은일을 도맡아 하는 R2D2의 활약을 보며 사람들은 즐거워했지요. 그 결과 R2D2는 영화에서 나오는 로봇 가운데 가장 인기 있는 로봇 캐릭터로 남게 되었습니다.

인류가 최초로 외계 천체에 발을 디딘 것은 40년 전입니다. 그 이후 우주로 향한 인류의 꿈과 노력은 계속되어 왔습니다. 이미 세계 여러 나라에서 쏘아 올린 인공위성이 지구를 내려다보고 있으며 그 수준은 운동장 한가운데에 있는 축구공을 정확히 식별해 낼 정도랍니다. 그리고 탐사선 및 탐사 로봇은 화성뿐 아니라 그 밖의 외계 천체를 향해 뻗어 나가 우주에 대한 새로운 정보를 제공해 주고 있지요. 이처럼 우주에서 활약하는 로봇을 '우주 로봇'이라고 한답니다. 우주 로봇은 역사가 길지 않지만 요즈음은 우주 개발의 제일 앞에 서서 활약하고 있습니다.

화성 탐사 로봇 로버

왜 우주 로봇이 필요할까요? 국제 우주 정거장인 ISS에서는 선체 밖에서 작업을 해야 할 때도 있습니다. 아직은 인간의 손을 대신할 정교한 로봇을 만들지 못했기 때문에 우주인이 직접 밖으로 나가 우주 유영을 하며 작업을 해야 하지요. 그런데 2003년 우주왕복선 컬럼비아호의 폭발 사고로 우주인들이 죽으면서 한참 동안 우주왕복선 발사 사업이 중단되었고 우주 개척도 그만큼 지연되었답니다.

우주에서의 인명 피해를 없애는 게 우주 개발을 앞당기는 것이랍니다. 그래서 우주 로봇이 주목을 받기 시작했지요. 사람이 하기에는 너무 위험하거나 어려운 작업들, 극한 환경에서의 탐사 임무, 사람이 직접 가기에는 너무 먼 거리의 장기 탐사 여행 등에 우주 로봇이 필요하답니다. 화성에는 로버라고 불리는 탐사 로봇을 보냈으며 태양계 너머에도 로봇들이 여행을 계속하고 있지요. 우주 로봇은 앞으로도 계속 개발되어 특수 임무도 맡게 될 것입니다. 이제 인간이 우주복을 입고 생명선에 의지하여 우주 유영을 하는 모습은 사라질지도 모른답니다.

우주 로봇은 어떻게 다를까?

우주 로봇은 우주에서의 작업을 최대한 효율적으로 하기 위해서 설계되고 개발되어야 하기 때문에 당연히 지구에서의 로봇과는 많이 다르답니다. 그렇다면 어떤 점이 지구와 우주의 차이를 결정할까요? 그리고 그 차이에 따른 로봇의 기능과 모양은 어떻게 결정해야 할까요? 일단 지구와 우주 환경에 따른 차이로는 중력과 대기, 온도, 토양의 구성 성분 등을 들 수 있습니다. 또한 작업의 특성에 따른 차이로는 유인이냐 무인이냐의 선택, 작업의 정밀도, 작업의 범위, 연료 공급의 방법이 있지요.

이러한 차이와 특성을 잘 살려서 우주 로봇을 개발한다면 앞으로 우주 개발에 따른 인명 피해도 줄이면서 우주 탐사 영역도 확장해 갈 수 있을 것입니다. 언젠가는 밤하늘의 별에까지 우주 로봇이 자유롭게 왕복할 수 있는 날이 오지 않을까요?

6 미래의 로봇

미래 로봇의 역할

2000년대에 들어서면서 개인용 로봇의 사용이 급속도로 늘었어요. 청소 로봇, 잔디 깎기 로봇 등 집안 허드렛일을 대신해 주고 있지요. 증가 속도가 점점 빨라져 앞으로는 생활 로봇을 어디서나 쉽게 만날 수 있을 것입니다. 여러 분야에서 다양한 종류의 로봇이 사용될 거예요.

생체 모방과 초능력의 미래 로봇

앞으로 로봇의 역할은 산업은 물론 교육 및 서비스 등 여러 분야로 넓혀질 것입니다. 흥미로운 분야 가운데 하나가 생체 모방을 통한 동물과 곤충 로봇의 개발입니다.

지구에는 5억 5000만 년 동안 약 500~100만 종의 생물체들이 꾸준히 진화해 왔다고 합니다. 과학자들은 혹독한 환경에서 살아남은 생물들이야말로 미지의 우주 환경에서 활용될 수 있는 기술의 본보기라고 하지요. 1895년쯤 독일에서 태엽식으로 된 최초의 곤충 로봇을 시작으로 새, 원숭이, 강아지,

태엽식 곤충 로봇
(1895년 독일 제작)

바이오미메틱스(Biomimetics)

생체(Bio)와 모방(Mimetics)의 합성어로 '생체 모방 과학'이라고 하지요. 생물이 지닌 형태나 특성을 연구해 인간 생활에 응용하는 학문을 말합니다. 인간의 뇌 신경 회로를 본뜬 인공지능 컴퓨터, 박쥐의 초음파 발신 능력을 적용한 레이더, 거미줄만큼 가볍고 질긴 인공 거미줄 등이 생체 모방 과학을 이용한 예랍니다.

초기 원숭이 로봇(1900년 초 독일 제작)

토끼, 사자 등의 동물 로봇들이 탄생하면서 현재까지 동물의 행동과 진화 과정이 곧바로 로봇에게 적용되고 있습니다.
최근에는 생물의 형태나 특성을 기술로 전환시키는 연구가 활발해지고 있으며 이 분야를 생체(Bio)와 모방(Mimetics)의 합성어인 바이오미메틱스(Biomimetics) 기술이라고 합니다.
자신의 무게보다 몇십 배 무거운 물체까지 거뜬히 운반하는 놀라운 능력을 지닌 개미도 좋은 사례입니다.
이처럼 갖가지 초능력을 갖고 있는 생물에서 로봇의 미래를 알 수 있습니다.

세계 최초의 물고기 로봇

2005년 10월 세계 최초의 물고기 로봇이 영국 런던의 수족관에 등장했어요. 길이 50센티미터, 높이 15센티미터, 두께 12센티미터인 로봇 물고기는 참치와 비슷한 속도로 1초에 50센티미터를 헤엄칠 수 있답니다. 또 센서와 인공지능 컴퓨터가 붙어 있어 물체를 스스로 알아서 피할 수 있다고 합니다. 기능을 더 발전시키면 바다 밑을 탐사하고 송유관이 균열된 부분을 탐지하거나 스파이 활동에 활용될 수 있다고 해요.

초기 태엽식 토끼 로봇
(1920년대 독일 제작)

이처럼 사람이 할 수 없는 탐사 활동을 하거나 의료용으로 쓰이는 정밀 소형 로봇의 개발이 활발히 진행되고 있지요.

로봇의 지능도 하루가 다르게 변하고 있답니다. 2016년 로봇 알파고가 바둑 기사 이세돌에게 승리해서 사람들을 놀라게 했습니다. 미래학자들은 약 30년 뒤에는 로

초기 물고기 로봇
(1930년대 미국 제작)

봇이 인간의 지능을 넘어설 수 있다고 생각하고 있어요. 물론 지능과 결합된 상상력으로 수많은 지식을 필요에 따라 적절하게 사용하는 초능력 로봇이 등장하려면 아직 더 긴 시간이 필요하답니다.

기대되는 4차원 로봇의 탄생

현재의 로봇은 사물을 2차원으로 구별하지요. 미래에는 3, 4, 5차원으로 사물을 순식간에 투시하고 분석하는 로봇이 나타나겠지요. 점차 로봇은 사람의 인지 능력보다 더 빠르고 처리 용량도 많은 형태로 진화할 것입니다. 사람의 근육을 완벽하게 모방하는 기술도 개발 중입니다.

초기 알 낳는 태엽식 오리 로봇
(1924년 미국 제작)

몇십 년 뒤에는 로봇 시장의 규모가 자동차 시장보다 커지고, 노동의 반 이상을 로봇이 담당하게 될 것이라고 합니다. 사람이 할 일을 로봇이 대신하면서 일자리가 줄어들겠지요. 하지만 로봇과 관련 있는 새로운 사업과 직업이 더 많이 만들어질 것입니다. 로봇을 고치는 병원, 로봇 학교, 로봇 패션 등 로봇 관련 사업은 다양하답니다.

로봇 전문 도시도 건설됩니다. 도시 전체

> **가상현실**
>
> 인공현실이나 사이버 공간 또는 가상세계라고도 하지요. 사람들이 일상적으로 경험하기 어려운 특정한 환경이나 상황을 컴퓨터로 3차원 공간으로 만들어서 실제로 그 환경에 들어와 있는 것처럼 보여 주고 조작할 수 있게 해 주는 것이지요. 탱크나 항공기의 조종법 훈련, 게임 등 여러 분야에서 응용하고 있답니다. 예를 들어 의료용 로봇을 가상현실을 이용해 조종함으로써 의사는 현실에서 더 안전한 진료를 할 수 있게 되는 것이지요.

가 로봇을 주제로 꾸며진 도시가 머지않아 우리나라에도 생긴답니다. 첨단 기술과 예술 등이 결합된 로봇이 빠른 속도로 발전할 것으로 예상되지요.

새로운 로봇 윤리 헌장이 필요해요
군사 로봇의 비중도 커지고 있습니다. 미국은 로봇을 중심으로 한 미래 전투 체계 개발에 많은 연구를 하고 있답니다. 무인 정찰

기와 폭발물 탐지 로봇은 이미 실전에 활용하고 있는 단계랍니다. 가까운 미래에는 전쟁에서 군인 대신에 로봇이 싸우게 될 것입니다.

점점 로봇은 기능적인 도구가 아니라 인간과 함께 생활하는 구성원이 될 것입니다. 전투 로봇처럼 로봇이 인간에게 피해를 줄 수도 있겠죠. 예기지 못한 충돌이나 윤리적 혼란을 방지하기 위해서 로봇을 올바르게 사용하려는 마음가짐이 필요합니다.

또한 로봇을 어떻게 대우하며 어떤 관계를 가져야 할지를 고민해야겠죠. 로봇뿐만 아니라 로봇 과학자나 로봇 사용자들이 함께 지켜야 할 새로운 로봇 윤리 헌장을 만

드는 작업도 중요하답니다.

1950년에 발표한 아시모프의 로봇 3원칙을 기본적인 지표로 하여 새 시대에 맞는 로봇 윤리 헌장을 우리가 만들어야겠지요.

미래에는 로봇을 제대로 아는 사람이 모든 분야에서 앞서는 시대가 올 것입니다. 로봇을 제대로 알면 꿈도 그만큼 더 커질 거예요.

로봇은 독립적으로 살 수 있을까요?

로봇이 인간의 도움 없이 혼자서 지구나 우주에서 살 수 있을까요? 그렇게 되려면 최소한 자체 지능으로 고장난 부분을 고치고 부속품들을 만드는 로봇을 개발해야겠지요. 그리고 움직일 수 있는 에너지를 어디에서 얻을지 해결해야 하지요. 그다음은 로봇이 사람처럼 상상력과 창의성을 갖고 있어야 합니다.

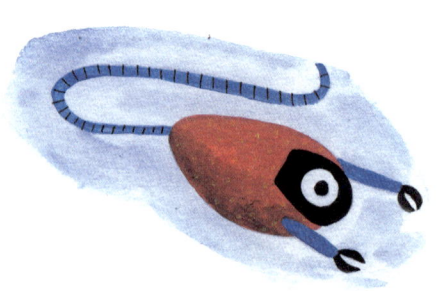

점점 진화해 가는 로봇

로봇이 사람보다 지능이 발달한 고등 외계인을 만날 수 있을까요? 만남이 이루어진다면 로봇은 새로운 진화의 기회를 얻게 되겠지요. 로봇과 외계인의 만남은 상상만 해도 흥미롭습니다.

우주는 여전히 신비한 세계입니다. 우주에 대한 꿈과 개척도 끝없이 지속될 것입니다. 우주 과학과 로봇 기술이 발달한 나라가 먼저 초일류 선진국이 된다는 것은 분명합니다. 사람들은 하루가 다르게 변화해 가는 로봇의 진화를 놀라운 눈으로 바라볼 것입니다.

앞으로 인간의 문명과 문화에서 로봇이 차지하는 비중은 상상을 초월할 거예요. 또한 인류의 생존과 미래에도 커다란 영향을 미칠 것입니다. 그러므로 이제 로봇과 더 가까워져야 합니다. 다양한 로봇을 세심히 관찰하고 로봇의 세계를 상상하는 일이 출발점입니다. 세밀한 관찰에서 얻어진 창의적인 생각으로 로봇과 대화하면 멋진 친구가 될 수 있답니다. 로봇을 올바르게 진화시킬

수 있는 힘이 생길 테니까요.

심장이 뛰는 로봇과 인간의 미래

인간이 로봇에게 불어넣어 줄 입김은 무엇일까요? 상상력과 창의력, 아니면 심장일까요? 최근 감정을 표현하는 로봇과 심장이 뛰는 로봇까지 개발되었답니다.

단순히 외형이 사람과 닮은 로봇을 넘어 지능까지 닮은 새로운 신세대 로봇도 점점 현실이 되고 있지요. 현재 미국 항공우주국(NASA)은 고장이 날 경우 스스로 고치는 우주선을 개발 중이라고 합니다. 그렇다면 자신을 고치며 진화해 가는 로봇 과학자와 로봇의 탄생도 가능하다고 봅니다. 로봇이 자신이 원하는 로봇을 만들 수도 있게 되겠지요. 로봇의 미래는 우리 모두에게 달려 있답니다.

로봇은 유럽의 기계식에서 출발해서 에디슨의 전기 시대에는 미국이, 전자 시대에는 일본이 이끌어 왔습니다. 요즈음은 IT시대를 맞아서 한국이 세계 경쟁 대열에 합류하게 되었습니다. 우리에게는 행운의 기회입니다. 어린이 여러분들이 어른이 되면 아마도 세계 로봇의 역사를 다시 쓰게 되지 않을까요? 로봇의 역사를 바꾸기 위해서 지금부터 꿈을 크게 키우기 바랍니다.

퀴즈로 풀어 보는 로봇 이야기

1 사람처럼 서로의 생각을 주고받는 똑똑한 지능이 있어 주변 환경을 파악해서 스스로 움직이는 로봇을 무엇이라고 하나요?

2 소설《아이 로봇》에서 로봇의 성격을 규정하는 '로봇의 3원칙'을 발표한 세계적인 SF작가는 누구인가요?

3 지능로봇의 핵심 중 하나로 로봇이 외부 자극에 대해 반응을 알아낼 수 있는 장치는 무엇인가요?

4 15세기에 어려움에 처한 프랑스를 기적적으로 구한 잔 다르크의 이미지에 영향을 받아 탄생한 최초 여성 로봇의 이름은 무엇인가요?

5 최초로 인조인간을 소재로 한 공상 과학 소설의 제목은 무엇일까요?

7 피노키오 인형을 본뜬 일본의 로봇 이름은 무엇일까요?

6 《오즈의 마법사》에서 인간과 같은 감성을 갖고 있는 기계 인간으로 묘사되어 현대 로봇의 모습을 보여 주는 양철 로봇의 이름은 무엇인가요?

8 1935년쯤 스위스 시계 회사에서 만든 최초의 광고 로봇의 이름은 무엇일까요?

9 제2차 세계대전 때 원자폭탄으로 큰 피해를 입은 일본을 열등감에서 벗어나게 해 준 데즈카 오사무가 만든 만화는 무엇인가요?

10 원격 조종으로 움직이는 최초의 대형 로봇 캐릭터의 이름은 무엇인가요?

11 마징가 제트의 영향을 받아 1976년 김청기 감독이 만든 한국 로봇 애니메이션 1호의 이름은 무엇일까요?

12 1980, 90년대 내부 구조까지 인간과 비슷하게 구성되어 겉으로 보기에는 인간과 구별할 수 없는 로봇을 무엇이라고 하나요?

13 1999년 탄생한 한국 최초의 휴머노이드 로봇의 이름은 무엇인가요?

15 한국에서 만든 최초의 로봇 만화책의 이름은 무엇일까요?

14 2000년대 일본에서 만들어 지능로봇 시대를 연 로봇의 이름은 무엇일까요?

16 로봇의 구동기와 센서를 제어하기 위해 사용되는 소형 컴퓨터를 무엇이라고 하나요?

17 표절과 재창조는 무엇이 다를까요?

19 우주에서 사람이 하기 위험한 작업, 극한 환경에서의 탐사 임무 등을 하는 로봇의 이름은 무엇일까요?

18 태권 브이는 표절일까요, 재창조일까요? 그 이유는 무엇인가요?

20 생체(Bio)와 모방(Mimetics)의 합성어로 생물의 형태나 특성을 기술로 전환시키는 기술은 무엇일까요?

차례

1 가드등불
2 아시아
3 시시
4 마리아
5 《춘향유한》
6 타령
7 피노
8 미도
9 《우주 소년 아톰》
10 황진 28호
11 《로봇 태권 브이》
12 안드로이드 로봇
13 사코
14 아시모
15 《장난감》(1955년)
16 가드통신

17 표정을 읽어 장난감 그대로 베끼 자신의 생각으로 만드는 것이고, 새로보는 어떤 사람이 영향을 받아 자신만의 새로운 개성을 창조하는
사람입니다.
18 새로운 이웃지 창조의 특징이 장난의 태도가 들어 들고 고상의 특징이 태권 브이의 개성이 되었기
때문입니다.
19 우주 소년
20 사이보메타스(두 생체 이식 기계)

세 계 로 봇 의 역 사

1400~1500년대
레오나르도 다빈치의 사자 자동인형

1800년대
1800년대 - 자동인형의 전성기
1818년 - 메리 셸리의 소설《프랑켄슈타인》. 세계 최초의 SF소설. 인조인간 등장
1881년 - 카를로 콜로디의 동화《피노키오》
1890년 - 에디슨의 말하는 인형

1900년대
1900년 - 프랭크 바움의 소설《오즈의 마법사》. 현대 로봇의 이미지 보여 줌
1900~1910년 - 독일 최초 태엽식 보행 로봇 '틴맨' 제작
1910년 - 독일 '원숭이 로봇' 제작

1920년대
1920 - 카렐 차펙의 희곡《로섬의 만능 로봇》. 로봇이란 용어를 처음 사용
1926년 - 프리츠 랑의 영화〈메트로폴리스〉. 최초의 여성 로봇 '마리아' 등장

1930년대
1935년 - 만화《타이니 팀》에서 '메커니컬 맨' 등장. 미국 초기 로봇
　　　 - 최초의 광고 로봇 '미도' 제작
1938년 - 만화《슈퍼맨》

1940년대
1941년 - 만화《원더우먼》

1950년대
1950년대 - 벨기에의 임페르벨사에서 광고용 로봇 제작
　　　　 - 이탈리아 '난도' 로봇 제작
1950년 - 아이작 아시모프의 소설《아이 로봇》. 로봇의 3원칙 발표
1951년 - 데즈카 오사무의 만화《아톰 대사》. '아톰' 첫 출연
1955년 - 한국 최초 로봇 제목 만화《로벗트》
1956년 - 영화〈금지된 행성〉에 '로비' 로봇 등장
　　　 - 일본 '메고 맨(Mego man)' 로봇 제작
　　　 - 미국 루이 막스사 '아버지와 아들' 제작

1960년대
1960년경 - 스페인에서 팝 디자인 로봇 제작
          - 스페인에서 휴머노이드 로봇 제작
1963년 - 대형 로봇 '철인 28호' 등장
1966년 - 일본의 〈울트라맨〉, 미국의 〈스타 트렉〉
1967년 - 일본 만화《사이보그 009》. 사이보그란 용어를 처음 사용
1968년 - 한국 처음으로 양철 로봇 만듦

1970년대
1972년 - 만화《마징가 제트》
1976년 - 김청기 감독 〈로보트 태권 브이〉 제작
1977년 - 일본의 〈은하철도 999〉〈매칸더 브이〉
          - 조지 루카스의 〈스타워즈〉, 'R2D2', 'C3PO' 등의 로봇 등장
1979년 - 일본의 〈기동전사 건담〉
          - 미국 '쎄 갤럭시' 제작

1980년대
1982년 - 영화 〈블레이드 러너〉. 안드로이드 로봇 최초 등장
1984년 - 안드로이드 로봇의 대표작 〈터미네이터〉

1990년대
1995년 - 일본의 혼다사에서 세계 최초로 두 발로 걷는 로봇 'P-2' 개발
1999년 - 한국 최초의 휴머노이드 로봇 '센토' 개발
          - 일본의 소니사에서 애완용 강아지 로봇 '아이보' 개발

2000년대
2000년 - 일본의 혼다사에서 최초의 지능로봇 '아시모' 개발
2001년 - 일본 피노키오를 본뜬 로봇 '피노' 제작
2002년 - '아시모' 도쿄 과학 미래관에 안내원으로 취업
          한국 'KHR1' 개발
2003년 - 한국 'KHR2' 개발
2004년 - 한국 최초 두 발로 걷는 로봇 '휴보' 개발
2005년 - 한국 최초 완전히 사람 얼굴처럼 움직일 수 있는 로봇인
          '앨버트 휴보' 개발
          - 일본 실제 여성과 꼭 닮은 '레프리 큐1' 개발
2008년 - 한국 최초 우주인 이소연 탄생

사진으로 보는 로봇의 역사

레오나르도 다빈치의
사자 자동인형

유럽
자동인형

독일
틴맨
최초 태엽식
보행 로봇

1400~1500년대 ▶▶▶   1880년대 ▶▶▶   1900년대

영국
가장 아름다운
피노키오 인형

미국
초기 로봇
메커니컬 맨

스위스
최초의 관
로봇 미도

1930년대 ▶▶▶   1935년 ▶▶▶

일본
아톰
캐릭터 등장

로비 로봇

일본
메고 맨

일본
마징가 제트
등장

한국
초기
로보트 태권 브이

미국
써 갤럭시

1970년대 ▶▶▶

독일
'원숭이 로봇'

초기
폭시 피도
강아지

최초의
여성 로봇
'마리아'

1920년대 ▶▶▶

브라질
가장 아름다운
틴맨

벨기에
임페르벨사의
광고용 로봇

이탈리아
'난도' 로봇
디자이너들에게
가장 인기 있는 로봇

1950년대 ▶▶▶

미국
'아버지와 아들'

스페인
팝 디자인 로봇
내부 투시 가능

스페인
휴머노이드 로봇

1960년대 ▶▶▶

일본
아시모

일본
피노

한국(유진로봇 제작)
유아 교육용 로봇
아이로브큐

2000년대 ▶▶▶ **2008년 ▶▶▶**

피노키오 장난감에서 첨단 지능 피노키오 로봇까지

초기 광대 피노키오
(1930년대 미국 제작)

세상에서 가장 아름다운
피노키오(1930년대 영국 제작)

피노키오의 첨단 지능로봇 피노
(2001년 일본 제작)

상수리 호기심 도서관 07

레오나르도 다빈치부터 첨단 지능로봇까지
상상력이 만든 장난감과 로봇

글 | 백성현
그림 | 황미선
감수 | 김정하

초판 1쇄 발행 | 2009년 6월 1일
초판 7쇄 발행 | 2016년 4월 25일

펴낸이 | 신난향
편집위원 | 박영배
펴낸곳 | (주)맥스교육(상수리)
출판등록 | 2011년 8월 17일(제321-2011-000157호)
주소 | 서울특별시 서초구 논현로 83 삼호물산빌딩 A동 4층
전화 | 02-589-5133(대표전화)
팩스 | 02-589-5088
블로그 | blog.naver.com/sangsuri_i
홈페이지 | www.maksmedia.co.kr

편집장 | 송지현
편집 | 허현정 조현주
디자인 | 은디자인
영업·마케팅 | 홍동화 송화연 김규태
경영지원 | 장주열
인쇄 | 삼보아트

ISBN 978-89-93397-08-6 73500

정가 11,000원

*이 책의 내용을 일부 또는 전부를 재사용하려면 반드시 (주)맥스교육(상수리)의 동의를 얻어야 합니다.
*잘못된 책은 구입한 곳에서 바꾸어 드립니다.

상수리 호기심 도서관

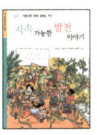
1. 지속 가능한 발전 이야기
2008년 (사)행복한아침독서 추천 도서
카트린느 스테른 글 | 페넬로프 패쉴레 그림 | 양진희 옮김
지속 가능한 발전과 환경 보호 실천법 소개

2. 어린이 고고학의 첫걸음
라파엘 드 필리포 글 | 롤랑 가리그 그림 | 조경민 옮김
고고학 상식부터 우리 고고학 역사 설명

3. 구석구석 알아보는 몸과 성 이야기
세르쥐 몽타냐 글 | 피에르 보쿠쟁 그림 | 김효림 옮김
몸의 구조와 역할, 성교육 등 우리 몸 탐구

4. 가족 나무와 유전자 이야기
로랑스 아방쉬르 아잔 글 | 뱅상 베르제에 그림 | 김미겸 옮김
유전자, 족보, 가족 촌수, 타인 존중 설명

5. 세계의 모든 집 이야기
2009년 (사)행복한아침독서 추천 도서
올리비에 미뇽 글 | 오렐리 르누아르 그림 | 이효숙 옮김
집의 역사와 세계 문화를 알려 주는 책

6. 알고 싶고 타고 싶은 자동차
2009년 문화체육관광부 아동청소년 우수 교양도서
홍대선 글 | 남궁선하 그림 | 김정하 감수
자동차 역사와 원리, 경제와 과학까지 설명

7. 상상력이 만든 장난감과 로봇
2009년 열린어린이 여름방학 추천 도서
2010년 (사)행복한아침독서 추천 도서
백성현 글 | 황미선 그림 | 김정하 감수
로봇의 역사와 발전 과정, 원리를 정리

8. 똥을 왜 버려요?
2009년 열린어린이 겨울방학 추천 도서
2010년 (사)행복한아침독서 추천 도서
김경우 글 | 조윤이 그림
세계의 패션과 문화, 역사를 담은 똥 이야기

9. 우리 소리 우리 음악
2010년 문화체육관광부 아동청소년 우수 교양도서
제76차 한국간행물윤리위원회 권장 도서
김명곤 글 | 이인숙 그림
우리 음악의 역사와 민족의 멋과 흥 설명

10. 한 권에 담은 세계 음악
2010년 국립어린이청소년도서관 사서 추천 도서
파우스토 비탈리아노 글 | 안토니오 라포네 그림 | 조성윤 옮김
바흐부터 재즈, 힙합까지 담은 음악 정보책

11. 보고 싶은 텔레비전 궁금한 방송국
초등학교 6학년 1학기 국어 교과서 수록
소피 바흐만 외 글 | 토니두란 그림 | 김미겸 옮김
텔레비전과 방송의 역사와 원리 설명

12. 정정당당 스포츠와 올림픽
2011년 어린이문화진흥회 좋은 어린이책 선정
베네딕트 마티유 외 글 | 오렐리앙 데바 그림 | 김옥진 옮김
올림픽의 역사와 스포츠 발달 과정 정리

13. 세계 역사를 바꾸는 정치 이야기
소피 라무뢰 글 | 클레르 페레 그림 | 양진희 옮김
정치 제도와 시민 운동 등을 알려 주는 정보책

14. 생명을 살리는 윤리적 소비
2010년 문화체육관광부 아동청소년 우수 교양도서
정원각 외 글 | 이상미 그림
공정 무역과 환경 등의 소중함을 일깨우는 책

15. 어린이 로마인 이야기
에릭 다스 외 글 | 오렐리앙 데바 그림 | 김옥진 옮김
로마의 유적과 유물, 역사와 문화 정보책

16. 세계의 놀이
2011년 어린이문화진흥회 좋은 어린이책 선정
2011년 (사)행복한아침독서 추천 도서
알레산드로 마싸쏘 외 글 | 비비아나 체라토 그림 | 조성윤 옮김
대륙별로 소개하는 세계 어린이 놀이 백과

17. 천하무적 어린이 야구왕
김동훈 글 | 최일룡 그림
흥미진진 재미만점 알찬 야구 안내서

18. 빨리 높이 멀리 달려라 육상 이야기
김화성 글 | 최환욱 그림
육상의 역사와 과학, 육상 스타들의 도전기

19. 초등 경제 콘서트
리비아나 포로팟 글 | 스테파노 토네티 외 그림 | 유은지 옮김
세계의 모든 경제 정보가 담긴 경제 백과

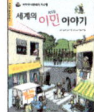
20. 세계의 이민 이야기
소피 라무뢰 글 | 기욤 롱 그림 | 박광신 옮김
이주와 다문화 시대를 사는 세계 어린이를 위한 안내서

21. 영화 아는 만큼 보여요
2013년 (사)행복한아침독서 추천 도서
이남진 글 | 홍기한 그림
상상력과 창의력 가득한 어린이 영화 안내서

22. 나도 저작권이 있어요!
2013년 (사)행복한아침독서 추천 도서
초등학교 6학년 2학기 국어 교과서 수록
김기태 글 | 이홍기 그림
인터넷 세대가 알아야 할 저작권의 모든 것

23. 달력을 보면 사회가 재밌어!
정세언 글 | 이유진 그림
달력으로 배우는 신개념 초등 사회 학습!

24. 문화재가 살아 있다!
정혜원 글 | 김진원 그림
세계가 인정한 우리 무형 문화유산 17!

* 상수리 호기심 도서관 시리즈는 계속 출간됩니다.